평강의 주께서

친히 때마다 일마다 평강을 주시기를

기도하며

특별히 ＿＿＿＿＿＿＿＿＿ 님께

이 소중한 책을 드립니다.

단순한 치유기도

Simple Ways to Pray for Healing

매튜 린, 쉐일러 패브리칸트 린, 데니스 린 공저

SIMPLE WAYS TO PRAY FOR HEALING
by Matthew Linn, Sheilla Fabricant Linn and Dennis Linn

Published by PAULIST PRESS
ISBN 0-8091-3762-3

Translated and Published by Permission
이 책은 저자 혹은 출판사의 허락을 받아 번역 · 출판합니다.

Table of Contents
차 례

여덟 가지 단순한 기도방법

연초에 우리는 헝가리 위성방송의 초청을 받아 핀란드에서 이스라엘까지 흩어져 사는 삼백만 명의 헝가리인들을 위한 텔레비전 프로그램에 출연했다. 프로그램 녹화는 부다페스트에 있는 한 교회에서 250명의 방청객들이 참석한 가운데 진행되었다. 이야기를 나누던 중에 쉐일러가 데니스와 내가 초콜릿 페스트리를 좋아하기 때문에 직접 만들어주곤 한다는 이야기를 꺼냈다. 그런데 갑자기 통역기를 귀에 꽂고 열심히 통역되는 내용을 듣고 있던 방청객들이 술렁이기 시작하더니, 급기야는 모두 다 파안대소하기 시작했다. 그 이유를 나중에서야 알았는데, 통역하는 사람이 얼떨결에 "데니스와 매튜가 어린 걸스카우트를 즐겨 먹는다"라고 통역했던 것이다.

비록 통역자가 어린 걸스카우트와 초콜릿 페스트리를 구별하지 못한 해프닝

이 있었지만, 우리가 그날 그들과 얼마나 쉽게 대화를 나눌 수 있었는지 그저 놀랍고 행복할 뿐이었다. 우리가 그때 소개한 내용은 이 책에서 다루고 있는 여덟 가지 단순한 기도의 방법이었다. 우리는 물론 헝가리에서 영성 수련회를 인도할 때도 이 여덟 가지 기도 방법을 적용했다. 이 책의 주제도 역시 마찬가지이다. 우리가 이렇게 이 기도 방법을 강조하는 것은 그 동안 많은 사역을 해오면서 이 기도 방법으로 많은 결과를 얻을 수 있었기 때문이다. 25년 동안 데니스와 나는 40여 개 국을 다니면서 수천 개의 그룹을 대상으로 영성 수련회와 기도 훈련 모임을 인도하고 있다. 쉐일러는 우리 팀에 15년 전부터 합류하였다. 종교적, 문화적, 교육적으로 다양한 배경을 가진 사람들이 우리가 인도하는 모임에 참석하고 있다. 그들의 경험을 놓고 볼 때, 이 여덟 가지 기도 방법은 가히 보편적인 치유법이라 할 수 있다.

이 여덟 가지 단순한 기도 방법이 치료의 역사를 많이 일으키고 있는 이유는 아마도 수도원 운동의 영성 훈련에서 비롯된 지혜와 현대의 영성, 심리학이 완전하게 조화를 이루고 있기 때문일 것이다. 게다가 이 기도 방법은 어린아이들도 쉽게 따라할 수 있을 정도로 아주 단순하지만, 상당한 지성을 갖춘 사람들도 관심을 가질 정도로 깊이가 있다.

1974년 데니스와 내가 처음으로 치유 기도에 대한 글을 쓰기 시작했을 때, 독자들은 주로 오순절 계통의 그리스도인들뿐이었다. 그 후 우리의 사역은 대중에게 급속히 알려졌고, 많은 사람들이 치유를 위한 기도에 관심을 갖기 시작했다. 뉴욕 타임즈에 수개월 동안 베스트셀러에 올랐던 래리 도씨 박사의 책, 『치료를 일으키는 말』(*Healing Words*)이 출간되면서 우리 사역은 전환기를 맞이했다. 달라스에 있는 휴매나 메디컬 시티의 원장으로 재직했던 도씨 박사는 대단히 존경받는 의사였다. 미국국립위생연구소(NIH)는 도씨 박사를 연구소의 공동대표로 초빙하여 기도의 의학적 효과를 연구하도록 하였다. 그 연구 프로젝트를 통해 기도와 같은 종교적 행위가 질병 치료에 직접적인 영향을 미친다는 것을 증명하는 실험 자료를 250가지 이상 얻을 수 있었다. 도씨 박사는 "기도는 환자에게 효능 좋은 약물이나 외과 수술에 준하는 점증적인 완화 효과가 있었으며, 의료 행위 남용을 막는 데도 유용하다"고 결론지었다.

유명한 미국 의료 협회의 잡지에 실린, "과연 의사가 병의 치료를 위해 기도하라는 처방전을 써주어야 할까?"라는 제목의 논문에도 도씨 박사가 말한 것과 같은 결론이 실린 적이 있다. 타임지의 최근 커버스토리에 기도가 몸과 마음과 영혼을 치료한다는 증거를 다룬 기사가 실리기도 했다. 병을 고치는 기도에 대한 관심은 지금 전 세계로 확산되고 있다.

현시대를 살고 있는 사람들의 마음속에 기도에 대한 관심이 급증하고 있는 현상은 우리의 의식이 발전적으로 변하고 있다는 징후이다. 많은 그리스도인들이 21세기로 넘어오면서 세상에 종말이 올 것이라고 두려워했지만, 우리는 예전의 생활 방식이 사라져버리고 인류 발전의 새 시대가 오는 것이 아닐까 기대하고 있다. 보통 사람이 평생 뇌의 5내지 10퍼센트만 사용하기 때문에 열심히 공부하고 보다 많은 내용을 암기하면 뇌의 나머지 부분도 사용할 수 있을 거라고 어떤 사람들은 말한다. 그러나 뇌 기능에 대한 이론들을 보면 문제는 우리가 얼마나 뇌를 많이 사용하느냐가 아니고, 우리의 관심을 어디에 두느냐에 있다는 것을 알 수 있다. 우리는 대부분 우리를 둘러싸고 있는 물질세계를 어떻게 조정하느냐에만 관심을 집중시키고 있다. 그렇기 때문에 뇌의 5내지 10퍼센트만 사용해도 충분히 살아갈 수 있는 것이다. 물질 세계를 조종하는 데는 그 정도면 충분하다. 그 나머지 부분은 그럼 인간에게 무슨 필요가 있을까? 어쩌면 사용되지 않는 그 나머지 부분은 어떤 각별한 의도가 있기 때문일지도 모른다. 아마도 시간과 공간을 초월하는 지고한 의식과 영성이 사용하는 부분일 것이다. 우리는 기도를 통하여 하나님과 교제하도록 만들어진 피조물이다. 그러므로 우리가 기도할 때에야 비로소 우리의 뇌가 가장 완벽하게 계발되는 것이다.

이 책을 쓰고 있는 우리는 꾸준히 기도하는 가운데 병자를 치료하시는 예수님의 사랑을 체험한 사람들이다. 우리는 이 책이 믿음을 가진 모든 사람들에게 도움이 되었으면 한다. 기도에 대한 실험에 의하면, 기도의 효력은 기도를 드리는 사람이 개인적으로 어떤 교파적 색깔을 띠고 있느냐에 달린 것이 아니다. 래리 도씨 박사는 이렇게 말한다.

"사랑하는 만큼, 동정하는 만큼, 공감하는 만큼 기도는 효과를 나타내는 것으로 보인다…기도에 대한 여러 실험들에서 내가 얻은 가장 큰 교훈은 관용이 아닌가 싶다. 관용을 가지고 기도할 때, 교파적 장벽도 무너진다."

우리는 병자를 치료해주시는 하나님의 사랑을 다른 사람에게 전하고 싶어 하는 사람들을 염두에 두고 이 책을 썼다.

이 책은 병의 치료를 위한 단순한 기도 방법을 담고 있다. 그러므로 그냥 읽기만 해서는 안 된다. 치료는 일종의 과정이다. 따라서 한 장 한 장 읽어나갈 때, 각 장에서 제시한 방법대로 충분한 시간을 가지고 기도를 하고 나서 다음 장으로 넘어가기 바란다.

이 책에서 배운 내용을 다른 사람들과 나누길 원한다면, 마지막에 있는 '소그룹 모임을 위한 지침' 부분이 도움이 될 것이다.

chapter 1

감사를 통한 치유

우리는 이십여 년 동안 영성 수련회를 인도할 때마다 항상 같은 방법으로 시작해 왔다. 과거를 회상하면서 감사했던 순간들을 떠올리며 그 내용들을 참석자들끼리 서로 나누는 것이다. 만일 지금 나(쉐일러)에게 지난 삶을 되돌아보면서 감사했던 순간을 떠올려보라면, 나는 두 가지 일을 말하고 싶다.

하나는 몇 년 동안 아기를 갖으려고 무진 애를 쓰다가 결국 약 일 년 전쯤에 남편 데니스와 함께 아이를 입양하기로 결정하고 나서, 입양 신청 수속을 밟기 시작했을 때의 일이다. 우리는 입양할 아이를 우리가 직접 찾아보는 입양방식을 택했다. 우리는 입양기관에 신청을 해놓고 나서, 치유사역을 하고 있는 수백 명의 친구들에게 기도 요청 편지를 보내서 입양할 아이를 찾는 일에 관심을 가지고 기도해줄 것을 부

탁했다. 그리고 나니 도움과 지원을 약속하는 편지와 전화가 쇄도했
다. 뿐만 아니라 유아용 카시트, 아기 옷, 기저귀, 장난감 같은 물품들
도 보내왔다. 남편과 나는 "아이를 키우는 데는 마을 하나가 필요하다"
라는 아프리카 속담이 말하는 바를 피부로 느낄 수 있었다. 우리는 우
리 주변을 둘러싸고 있는 우리 '마을'에 대해 정말 감사한 마음이 들었
다.

두 번째 감사한 일은 칠 년 전 우리가 결혼하기 직전 멕시코에 체류
하고 있을 때의 일이다. 우리가 수제품을 좋아한다는 것을 알고는 멕
시코 친구들이 결혼 선물을 해야겠다며 우리를 그릇 시장으로 데려갔
다. 브라보 계곡에 위치한 작은 도시에 있는 명품점에서 우리는 투박
한 질그릇을 보았다. 두 가지 크기의 질그릇이 있었다. 큰 것은 국이나
샐러드를, 그리고 작은 것은 후식을 담는 데 안성맞춤일 것 같았다. 크
기별로 한 벌을 구입하여 미국으로 가져왔다. 저녁 식사에 초대된 사
람들은 이 그릇들을 보며 경탄을 금치 못했다. 그래서 우리는 기회가
되면 그 그릇들을 많이 사서 사람들에게 선물해주고 싶은 마음이 들었
다.

우리는 결혼 후 매년 1월마다 멕시코로 휴가차 떠나서 똑같은 그릇들을 사기 위해 여기저기 둘러보곤 했다. 하지만 우리가 원하는 것과 꼭 같은 것들은 찾을 수 없었다. 급기야 금년에는 브라보 계곡까지 찾아갔다. 우리는 6년 전에 그릇을 샀던 그 상점으로 직행했다. 작은 크기의 그릇들이 있었다. 우선 작은 그릇 두 벌을 구입했다. 그러나 안타깝게도 큰 그릇은 없었다. 나는 지나가는 마을 사람에게 질그릇을 만드는 곳이 어딘지 물었다. 그는 얼마 떨어지지 않은 곳에 있다며 그 장소를 일러주었다. 우리는 그곳으로 가서 차창으로 고개를 내민 채 지나는 사람들에게 우리가 구입한 작은 그릇을 보이면서 물었다. "이런 그릇을 만드는 곳이 어딘지 아세요?" 한 사람이 말했다. "여기는 아무 데서도 그런 그릇을 만들지 않아요." 다른 사람은 그곳에서 좀 더 떨어져 있는 장소를 일러주었다. 또 다른 사람은 우리가 왔던 곳으로 다시 가보라고 했다.

그렇게 한 시간 정도를 헤맸는데, 한 남자가 손가락으로 어떤 곳을 가리키며 말했다.

"저기 길 건너편입니다."

"확실한가요? 거기는 낡은 판잣집 한 채만 뎅그러니 있는데요?"

"그곳이 바로 그릇을 만드는 곳이라니까요. 그 쪽으로 가 보세요."

우리는 길을 건너서 지저분한 마루가 깔린 낡은 판잣집으로 들어갔다. 가구 하나 없이 횅한 집 안에는 연로한 할아버지 한 분이 벽 한쪽 구석에서, 헝겊을 덮어 놓은 재료 더미 위에 쪼그리고 앉아 계셨다. 나는 그 할아버지께 작은 그릇 한 개를 보여주면서, "이런 그릇들을 혹시 가지고 계시나요?"라고 여쭈었다. 할아버지는 내 손에 들린 작은 그릇을 유심히 보시더니 "아니요"라고 대답하셨다. 순간 나는 할아버지가 앉아 계신 헝겊 밑의 더미가 황토색인 것을 보았다. 나는 "앉아 계신 자리 밑에 있는 것을 봐도 괜찮겠습니까?"라고 말했다. 할아버지는 일어서시더니 헝겊을 들추시고는 밑에 있는 것을 보여주셨다. 그런데 바로 그 자리에 우리가 그토록 열심히 찾아다녔던 큰 그릇들이 널려 있었다. 거기에는 작은 그릇은 하나도 없었지만 큰 그릇은 무려 105개나 있었다. 우리는 그것을 몽땅 사버렸다. 한 개 가격이 300원 정도밖에 안 되는 것들이었지만 우리는 잃어버린 보물을 찾은 듯한 기분이었다. 우리가 알기로 전 멕시코에서 우리 집에 있는 것과 똑같은 종류의 질그릇을 계속 만들고 있던 곳은 그곳 한 군데뿐인 듯했다.

우리가 집으로 돌아온 2월의 어느 날, 나는 그 그릇들을 쳐다보면서 생각했다. '우리가 그토록 원했던 이 그릇을 포기하지 않고 끝까지 찾아 헤맨 것이 얼마나 다행인지 모르겠어! 만약 찾는 것을 포기하고 대신 다른 그릇을 샀더라면 많이 실망했을 거야.' 정말 너무너무 기뻤다. 그러다가 갑자기 이런 생각이 떠올랐다. '참고 견디면서 찾았더니 결국 우리가 원하던 그릇들을 찾고 말았어. 우리가 바라는 아이도 역시 찾게 될 거야.'

3월이 되었을 때 우리는 7월쯤 태어날 아기가 있는데 입양하겠느냐는 제안을 받았다. 우리는 그 아기를 입양하기로 하고 아기를 맞을 준비를 하기 시작했다. 6주 후에 다시 연락이 왔다. 산모가 아기를 자기가 기르겠다고 마음을 바꿨다는 소식이었다. 남편과 나는 실망했다. 하지만 질그릇을 찾던 생각을 하며 다시 기도하기 시작했다. 나는 노인이 헝겊 거적을 걷어내던 순간을 회상하며, 반드시 우리가 원하던 아기를 찾게 될 거라고 확신했다. 나는 숨을 깊이 들이쉬면서 다시 감사로 내 마음을 가득 채웠다. 내게 필요한 것은 감사했던 순간으로 되돌아가서 희망과 용기를 가지고 아이를 기다리는 것이었다. 그 결과, 우리는 정확하게 10개월 후에 사랑스러운 남자 아이를 품에 안을 수 있었다. 바로 내 뱃속에서 태어난 매튜라는 아이를 말이다. 감사로 내 마음을 가득 채운 바로 그 순간에 하나님께서는 내 뱃속에 우리가 그토록 원하던 아이를 주셨던 것이다.

우리가 감사했던 순간을 떠올리는 그런 긍정적인 회상을 함으로써 우리는 과거에도 우리를 돌보신 하나님께서 미래에도 여전히 보살펴 주실 것이라고 확신할 수 있게 된다. 수세기 전에 기록된 묵상에 대한

안내서인 『영성훈련』에서 강조하고 있는 바와 같이, 씁쓸하고 고독한 느낌이 휘몰아칠 때, 위로 받았던 경험이나 감사했던 순간을 떠올리면 마음의 평정과 자유를 되찾게 된다.

감사는 우리의 인간관계, 몸, 그리고 세상을 치유한다

감사했던 옛일을 회상함으로써 우리는 과거에 사랑했던 사람들에게 다시금 깊은 애정과 관심을 쏟을 수 있게 된다. 우리 친구인 조와 에일린은 한때 파경 위기를 맞았었다. 그들은 도통 서로에게 말도 한마디 건네지 않고 결혼 생활을 해오고 있었다. 그러던 어느 날, 에일린이 병원에서 검사를 받은 후에 암이란 진단을 받고 돌아왔다. 그녀는 흐느끼면서 조에게 그 사실을 털어놓고는 이렇게 고백했다. "돌아보면 당신은 나를 참 많이 사랑해 주었어요. 만약 내가 죽으면 꼭 재혼을 해서 내게 못 다한 사랑을 그 여자에게 다 쏟아주세요." 이어서 그녀는 결혼 생활 동안 남편 조에게 사랑을 받았던 수많은 기억과 순간순간 고마웠던 긍정적인 일들을 하나씩 끄집어내며 말을 이어갔다. 조 역시도 아내 에일린에게 고마웠던 일들을 고백했다. 지난 세월 동안 그들이 서로를 얼마나 사랑했는지를 떠올렸을 때 그들 사이의 유대감이 완전히 회복되었다. 앞으로 함께할 수 있는 시간이 얼마나 남았을지는 모르지만 살아 있는 시간 동안 오로지 서로만을 사랑하기로 약속했다. 얼마 지나서 에일린은 몇 차례 더 검사를 받았는데, 검사 결과, 도저히 믿을 수 없는 일이 일어났다는 것을 알았다. 생명을 위협하던 그 많던 암 세포가 씻은 듯이 사라져버린 것이었다.

에일린의 사례에서 볼 수 있듯이, 감사했던 일을 회상하는 긍정적인 생각은 인간관계뿐 아니라 신체의 질병까지도 치료하는 효과가 있다. 그런 생각들이 생리적인 변화를 일으키기 때문이다. 예를 들면, 42세에서 60세까지의 남성 가운데 비관적인 사람이 낙천적인 사람보다 심장마비로 죽을 가능성이 근 2배에 이른다는 보고가 있다.

과거에 있었던 감사한 일을 회상함으로써 우리의 육체가 튼튼해질 뿐 아니라, 깨졌던 관계도 회복되고, 잠시 잃어버렸던 희망도 되찾게 된다. 한걸음 더 나아가 긍정적인 회상은 사회 전반에 걸쳐 각 이해집단과 공동체에 영향을 미친다. 예를 들어, 유대교 랍비인 해롤드 슐바

이스는 자기를 위시해서 대부분의 유대인들이 인간의 선함에 대한 믿음을 뭉개버리지 않고서는 홀로코스트라 불리는 유대인 대학살을 자녀들에게 이야기해줄 수 없을 거라고 생각했다. 그러다가 그는 2차 세계대전 와중에 유대인들을 구하기 위해 자기들의 생명을 조금도 아까워하지 않았던 소위 '구조자들'(rescuers)에 대한 이야기를 접하게 되었다. 랍비 슐바이스는 유대인들을 도와주었던 많은 사람들에 대해 십여 년에 걸쳐 조사한 결과, 최소한 5백만 명 이상의 사람들이 유대인 구명을 위하여 힘썼다는 것이 역력하다고 밝혔다. 그렇기 때문에 오늘날 유대인들은 그들의 헌신을 잊어서는 안 된다고 강조했다.

대학살 이후 세대들은 어떤 일이 있어도 과거에 받았던 그 선행들을 잊지 말아야 한다. 그래야만 "과거에도, 현재에도, 그리고 미래에도 우리에게 친구 따위는 없다"라는 식의 푸념을 하지 않게 된다. 그렇지 않다면 우리는 시대를 이끌 수 없고, 우리의 미래는 모조리 파괴될 뿐이다. 손에 큰 망치를 들고 세상에 온통 못을 박아서는 안 된다.

…교회는 그 진실 무구했던 영웅들을 기념해야 하며, 회당은 그들의 정신을 널리 알려야 한다. 유대인들은 이제 크리스천 영웅들을 필요로 하며,

크리스천들도 역시 유대인 영웅들을 갈망하고 있다. 왜냐하면 서로에 대한 그런 영웅적 행동이 비극을 초래하는 양극화 현상을 막을 수 있기 때문이다.

부분적이긴 하지만, 랍비 슐바이스의 노고로 말미암아 과거에 유대인들의 구명을 위해 힘썼던 사람들을 기리는 재단이 설립되었고, 현재 유대인들과 그리스도인들 사이에 화합의 분위기가 조성되고 있다['의로운 그리스도인들'(Righteous Christians)이란 재단이 설립되었고, 구조자들에게 이스라엘의 국립보험재단(National Insurance Foundation)이 연금을 지급하고 있다 – 역자주].

이런 운동의 여파로 나 자신도 치유되는 경험을 하고 있다. 폴란드에 살고 있던 우리 친척들 상당수가 유대인이란 이유로 나치에 의해서 학살되었다. 비록 내가 태어나기 전에 발생했던 사건이지만, 나는 대학살 이야기만 나오면 항상 예민한 반응을 보이는 편이었다. 나는 해외여행을 자주 하는 편인데, 군대가 주둔하고 있는 지역에만 가도 나도 모르게 두려움이 몰려왔다. 그럴 때마다 난 구조자들의 이야기를 읽기 시작했다. 어찌 글 몇 줄로 구조자들이 베푼 선행을 완전히 표현할 수 있겠는가? 대학살의 외중에 그들이 보여주었던 친절한 행위를 열거하자면 내 평생을 두고 해도 모자랄 것이다. 이런 생각을 하다보면 어떤 악행도 능히 감당할 수 있을 것 같은 느낌이 든다. 올해 우리가 그 끔찍한 학살이 자행되었던 아우슈비츠에 방문했을 때도 같은 느낌이었다. 우리는 그 현장에서 유대인과 독일인 사이의 관계가 치유되기를 바라는 마음으로 간절히 기도했다.

선한 것이 무엇인지 확실하게 알면 악을 대한다 해도 전혀 떨리지 않는다. 긍정적인 회상은 우리를 강화시켜 힘과 용기를 갖게 한다. 그 결과, 우리는 개인, 혹은 공동체가 겪고 있는 상처에 당당하게 맞설 수 있게 되고, 또 치유를 경험하게 된다.

"익명의 알코올 중독자 모임"(Alcoholics Anonymous)의 예에서 우리
는 지나온 과거로 돌아가서 긍정적인 일들을 추억하는 것이 얼마나 사
회와 공동체 전체에 큰 영향을 미치는지 볼 수 있다(A.A.는 알코올 중
독 환자들이 서로 치료를 돕는 모임으로, 한국에도 지부가 있다 – 역
자주). 익명의 알코올 중독자 모임의 공동 설립자인 빌(Bill W)은 『12
계단』(12 Steps)이라는 책을 저술하기도 하였다. 그는 과거로 돌아가
서 고마웠던 일이나 긍정적인 일들을 추억하는 것이 그 사람에게 소속
감을 불러일으키기 때문에 정말 중요하다고 말한다.

빌은 22살 때, 사회에 적응을 잘 못해서 심리적으로 굉장히 불안한
상태로 하루하루를 보냈다. 그러던 어느 날, 파티에 참석해서 난생 처
음 술을 마신 뒤로부터 그는 술을 입에 달고 살게 되었다. 그때 일을
그는 이렇게 적고 있다.

"'내가 여기 있구나, 내가 여기 이렇게 살아 있구나!'라고 느꼈어요. 내가

이 우주 가운데 한 부분을 차지하고 있다는 기분이 들었어요. 나도 이 세상에 분명히 존재하고 있다고 여겨졌지요. 아! 이렇게 일단 마술에 걸리고 나니 연거푸 술을 석 잔 넉 잔 들이켰지요. 그런 파티가 결국 내 인생이 되고 말았어요…."

빌은 처음으로 술을 마셨던 그때, 자기가 살아 있다고 느끼려면, 곧 세상에 속해 있다고 느끼려면 술을 퍼마시면 된다고 생각했다. 그러한 생각 때문에 17년이 지나도록 빌은 술을 입에서 잠시도 떼지 못하는 사람이 되고 말았다. 의사는 빌에게 십중팔구 정신이상이 발생할 것이고, 알코올 중독으로 죽게 될 것이라고 경고했다.

어느 날 밤, 빌은 병실에 홀로 누워서 절망 가운데 이렇게 부르짖었다. "만일 하나님이 계시다면, 지금 내 앞에 나타나 주십시오."

"갑자기 병실 안에 뭐라 형용할 수 없는 환한 빛이 비추었어요. 동시에 나에게 말로 표현할 수 없는 환희가 찾아왔습니다…그때 제일 먼저 내 마음에 떠오른 느낌은 진정한 소속감이었습니다. 내가 사랑을 받고 있고, 나도 역시 사랑할 수 있다는 것을 알았지요."

이런 체험을 한 후, 빌은 다시는 술을 마시지 않게 되었다.

빌이 처음으로 술을 마셨을 때 경험했던 느낌과 병원에서 경험한 회심은 아주 비슷하다. 심지어 그는 두 가지 경험에 대한 느낌을 똑같은 문장으로 표현했다. "나는 소속감을 느꼈어요." 중독증이나 강박증 초기에 우리는 우리 자신, 주위 사람들, 하나님, 그리고 세상에 대해 강한 소속감을 느끼게 된다. 수줍음이 많은 젊은 빌의 경우 소속감을 느낄 수 있는 가장 좋은 방법은 바로 술을 마시는 것이었다. 그러던 그가 병실에서 회심의 경험을 하고 나서 비로소 참된 소속감을 찾게 된 것이다.

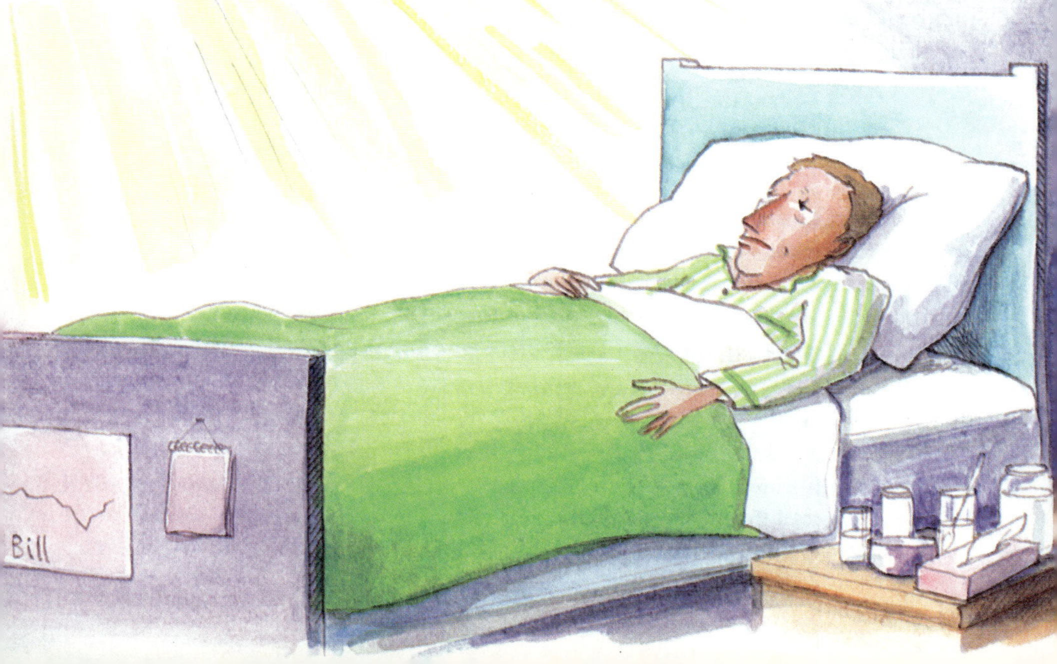

빌은 자신이 쓴 『12계단』이라는 책 속에서 수백만 명의 사람들에게 알코올 중독과 각종 강박증에서 벗어나는 길을 제시하고 있다. 빌이 '12계단 운동'을 시작하면서 사람들에게 강조한 것은 다름 아니라 빌 자신이 경험했던 바로 그 진정한 소속감이다. 『12계단』에서 빌은 자신이 병실에서 느꼈던 소속감을 계속 유지하도록 도와주었던 긍정적인 기억들을 그리고 있다. 각각의 계단에는 그가 회복되어 가는 과정에 도움이 되었던 사건들이 요약되어 있다. 빌이 『12계단』에 소개한 과정은 '12계단 운동'에도 그대로 적용된다. 참석자들은 소속감을 느꼈던 순간들에 대해 이야기를 나눈다. 그래서 그들은 모두 다 새로운 힘을 얻고 치유를 경험하게 된다.

빌은 이 소속감을 "기도와 묵상에 대한 최상의 보상"이라고 부른다. 그는 일단 소속감을 가지게 되면 "현세와 내세를 막론하고 우리에게 속해 있는 모든 것이 좋아 보일 것이다"라고 강조한다.

다음에 나오는 '적용'은 우리가 감사의 기억을 되살리는 데 도움을 줄 것이다. 그런 감사의 기억들은 우리에게 진정한 소속감을 안겨줄 수 있다.

우리가 숨 쉬는 것에 주목하면서 각 장에 제시된 기도의 방법을 시작해보자. 숨 쉬는 것은 우리가 감사하게 되는 하나의 방법이 될 수 있다. 왜냐하면 호흡을 통해서 우리가 세상 만물과 연결되었다는 사실을 깨달을 수 있기 때문이다. 지구의 대기는 기류에 의해서 골고루 잘 섞이게 된다. 우리가 지금 들이마시고 있는 공기는 불과 몇 주 전에 지구상에 있는 다른 사람들이 내쉰 호흡의 일부이다. 대기가 모든 생명체를 둘러싸고 순환하기 때문에, 우리는 호흡을 통해서 모든 피조물과 밀접하게 연결되어 있다. 그러므로 우리는 숨을 들이마실 때, 모든 피조물들에 대해 감사하는 마음을 들이킬 수 있다. 또한 숨을 내쉬는 순간에는 감사하는 마음으로 모든 피조물들을 축복할 수 있다.

1. 눈을 감고 숨을 깊게 들이마시면서, 당신을 감싸 안고 계신 하나님의 사랑을 흡입하라.

2. 과거를 회상하며 감사했던 순간을 기억하라.

- 당신 자신, 주변 사람들, 하나님, 그리고 세상에 대해 소속감을 느꼈던 순간.

- 당신이 사랑을 주고받을 수 있었던 순간. 아마도 당신은 결혼식, 자녀의 출산, 친
  구와의 대화, 경치 좋은 곳을 구경했던 순간, 기도 중에 특별한 체험을 했던 순간,
  자신이 믿고 있는 바를 위해 소신 있게 일했던 순간을 떠올릴 것이다.

**3. 어떤 순간이 되었든 그 당시로 돌아가서 그 좋았던 순간을 다시 한번 천천히 음
  미해보라.** 그 당시에 당신과 함께 있었던 사람들을 기억해보라. 그들의 목소리,
  또는 다른 사람들의 목소리를 회상하라. 당신이 맡았던 향기와 당신이 손으로
  느꼈던 그 느낌을 떠올려라.

**4. 깊게 숨을 들이키면서, 한때 당신이 경험했던 그 사랑과 감사가 다시 한번 당신
  속에 차고 넘치도록 하라.**

chapter 2

사랑고백을 통한 치유

 앞 장에서 기도의 첫 번째 동기를 살펴보았다. 우리가 감사할 만한 순간들, 특히 사랑을 받았던 순간들을 회상하는 것이다. 이번 장에서는 그런 기억들이 우리 내면에 점점 차 올라서 마침내는 밤낮없이 분출하는 샘물처럼 사랑을 고백하는 단계에 이르도록 하는 데 초점을 두고자 한다.

사랑의 고백을 통해서 우리는 자기가 누군지 알게 된다. 나(쉐일러)는 이 진리를 『단 한 번뿐인 출생』(*Born Only Once*)의 저자인 콘라드 바즈 박사를 통해 처음 알게 되었다. 우리는 모두 육체적으로 단 한 번만 태어난다. 그러나 아무도 우리가 누군지를 알려주지 않기 때문에 우리 대부분은 여전히 심리적으로는 모태에서 출생하지 못한 상태에 있다고 바즈 박사는 주장한다. 우리는 이미 단 한 번뿐인 신체적인 출

생을 경험했지만, 여전히 두 번째 출생인 심적인 출생을 갈망하고 있다. 이 두 번째 출생을 경험해야 비로소 진정한 자아가 형성된다.

지난주에 나는 데니스와 함께 주말 체육교실에 참석했다. 공교롭게도 그날 다른 학생들은 모두 결석을 했다. 제이미 선생님은 우리 두 사람을 집중적으로 지도하면서 거듭해서 다정다감하고 사랑어린 목소리로 참 잘하고 있다고 우리에게 말해주었다. 나는 언제나 운동 이야기

만 나오면 스스로 기가 팍 죽는 편이다. 하지만 제이미 선생님의 사랑 어린 격려와 칭찬으로 인해 운동에 대해 자신감을 갖게 되었다.

사랑을 고백하는 데는 네 단계가 필요하다.

첫째, 만일 우리가 사랑을 고백하려면 먼저 자기 자신을 사랑하고 소중히 여길 줄 알아야 한다. 마치 제이미 선생님이 우리를 가르치기 전에 우리보다 뛰어난 운동 실력을 갖추고 있었던 것처럼 말이다. 자기도 잘 하지 못하면서 상대방이 운동을 잘하는지 못하는지 봐준다는 것은 어불성설이다.

둘째, 상대방에게서 장점을 발견해내야 한다. 데니스와 나만 수업에 참석한 덕분에 제이미 선생님은 우리 두 사람에게 집중할 수 있었다. 그래서 운동에 자신이 없던 나에게서조차 장점을 발견해낸 것이다.

셋째, 발견해낸 상대방의 장점을 기쁘게 생각해야 한다.

넷째, 그 기쁨을 적절한 방법으로 표현해야 한다. 제이미 선생님은 반갑게 미소 지으며 우리를 아낌없이 칭찬해주었다. 샘물과 같은 이런 사랑의 말을 마시기 위해 내가 취했던 행동은 제이미 선생님 앞에서 내 마음을 활짝 열고 그녀가 해준 말을 받아들이는 것뿐이었다.

제이미 선생님이 내게 준 그 선물은 인간의 생명 유지에 있어서 꼭 필요한 음식과 같은 것이다. 혹은 우주 삼라만상의 기본 요소인 원자와 같은 것이다. 제이미 선생님은 나를 사랑 어린 눈으로 바라보았다. 나를 사랑 어린 눈으로 봐주는 사람이 있을 때 우리는 비로소 자신이 인간답게 살고 있다는 것을 느낀다. 부모가 자녀를 애정 어린 눈으로 바라볼 때, 그 자녀는 자아감을 형성한다. 아무것도 아닌 것 같지만 자기를 바라봐주는 사람이 끼치는 영향력은 정말 대단하다.

예를 들어, 근대 물리학의 가장 놀랄 만한 발견 중에 하나는 하이젠베르크의 '불확정성 원리'(Uncertainty Principle)이다. 이 원리에 따르면 관찰자의 보는 각도가 다르기 때문에 아무도 입자의 위치와 속도를 확정적으로 예측할 수 없다는 것이다. 대부분의 현대 물리학자들도 원자보다 작은 입자들이 관찰자의 시점에 따라 외관상 파동으로 보이기도 하고 입자 형태로 보이기도 하는 등, 관찰자에 따라서 물질의 성질이 달리 보인다는 견해에 동의하고 있다.

마찬가지로, 한 사람이 살고 있는 환경을 살펴볼 때, 보는 이의 관점이 각기 다르기 때문에 우리는 그의 삶이 어디로 튈지 확정적으로 예측할 수 없다. 불우한 환경 때문에 깊은 상처를 받았다가 회복된 아이들을 조사해본 결과, 회복의 성패 여부가 그들을 사랑으로 품어줄 수 있는 어른이 있느냐 없느냐에 달려 있었다. 품에 안고 보아야만 제대로 볼 수 있는 것이다. 앨리스 밀러는 이렇게 바라보는 사람을 일컬어 '식견 있는 목격자' 라고 불렀다. 식견 있는 목격자는 전적으로 아이의 입장에 서 있는 사람으로서, 사랑의 눈으로 아이의 실상을 바라보고 정확하게 꿰뚫고 있는 사람이다.

식견 있는 목격자, 하이젠베르크 원리, 그리고 관찰자의 시각에 따라 파장도 입자로 보이는 현상에 대한 직관적인 통찰력은 유대 기독교(Judaeo-Christian) 전승이 왜 하나님을 인간의 모습처럼 그리고 있는지 그 이유를 말해주고 있다. 물론 하나님은 인간과는 비교할 수 없는 무한하신 분이시다. 그런데 하나님이 우리를 바라보고 계신다는 점 때문에 유대 기독교인들이 하나님을 인간처럼 묘사했던 것 같다.

어쨌든 치유를 위한 기도는 하나님께서 무한한 사랑의 눈으로 우리를 보고 계신다는 데에서 비롯된다. 하나님의 사랑의 고백을 들을 때 비로소 두 번째 출생을 경험하게 되고 진정한 자아가 형성되는 것이다.

사랑 고백의 선물 나누기

일생을 사는 동안 우리는 때때로 비판과 상처를 받기도 한다. 그런 순간에 우리와 아주 가까운 사람이 사랑이 담긴 위로의 말을 해준다면 그 순간은 두고두고 우리 마음에 남는다. 잊지 못할 추억이 담긴 선물이 있다면 우리는 그것을 평생 지니고서 남들에게 자랑삼아 보여주고 싶어 할 것이다. 앤의 경우, 그녀는 가난했던 대학생 시절, 실수로 다섯 장의 수표를 잘못 기재한 일이 있다. 그래서 장당 10달러씩 더 지급이 되었다. 손해를 본 은행은 그녀에게 추가로 지급된 50달러를 책임지라고 요구했지만, 가난한 학생이었던 그녀는 그럴 만한 여유가 없었다. 그녀는 은행에 가서 부지점장을 찾았다. 앤은 자신의 실수에 대해 사과하고 자기의 어려운 형편을 설명했다. 부지점장은 착하고 솔직한 그녀의 모습을 보고 "누구나 한 번은 실수를 하지요"라고 말하고서, 그녀에게 청구된 50달러를 취소시켜 주었다. 요즘 앤은 자녀들이 무슨 실수를 할 때면, 거의 본능적으로 그들을 사랑스러운 눈으로 바라보며 다정하게, "누구나 한 번은 실수를 한단다"라고 말해준다.

　사랑을 고백하는 방법을 보여주는 또 다른 예는 산모의 분만을 돕는 '출산 도우미'(doula)의 역할에 대한 최근의 연구에서 찾아볼 수 있다. 출산 도우미는 산파도 아니며 의료진도 아니다. 그녀는 산모의 진통,

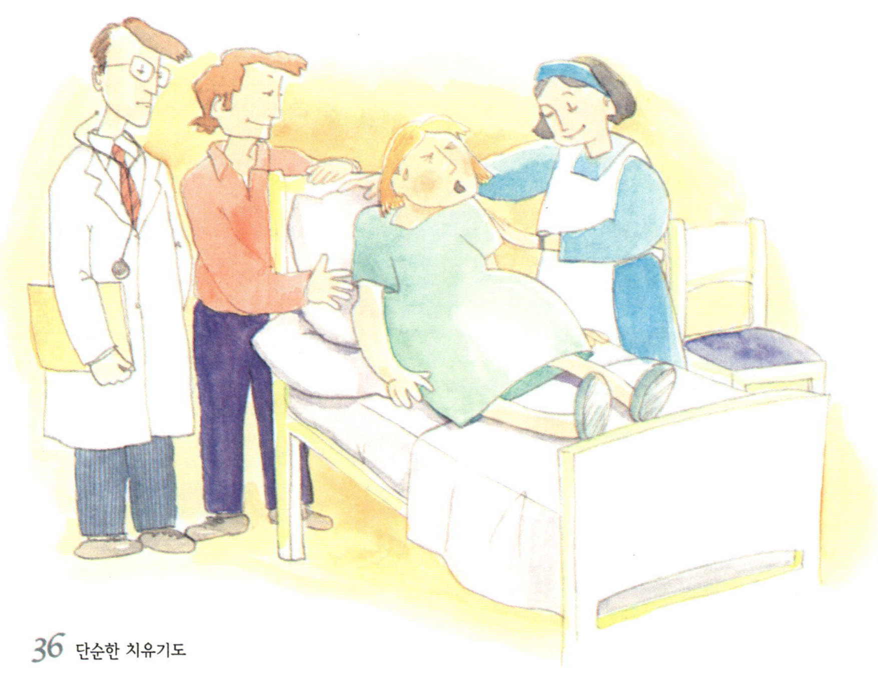

분만 과정 중에 이것저것을 보살피고 도와주는 역할을 하는 사람이다. 출산 도우미는 산모 옆을 잠시도 떠나지 않고 붙어 있으면서 산모에게 좋지 않은 소리는 일체 하지 않는다. 그녀는 산모를 계속 안심시키고, 음식을 먹여주고, 격려해 준다. 다른 여러 연구를 통해서도 출산 도우미로 인해 얻게 되는 의학적 유익이 속속 입증되고 있다. 초산일 경우 출산 도우미의 도움을 받았을 때 산통이 평균 2시간 정도 단축되었으며, 제왕절개 수술의 비율이 50퍼센트 정도 줄었으며, 산모에게 투여하는 진통제도 상당히 줄어들었다. 또한 산후 부작용도 현저하게 격감되는 등 많은 유익이 있었다.

더욱더 인상적인 것은 갓 태어난 아기에게 보인 산모의 모성적 행동이다. 출산 도우미를 둔 산모들은 갓 태어난 아기에게 매우 강한 모성적 행동을 보였다. 이는 아기의 성장과정 내내 계속되는데, 출산 도우미가 자기에게 베풀어준 사랑의 행동이 모성적 행동에 덧붙여져 아이에게 쏟아진다는 것이다. 여자들은 산고의 고통과 출산의 과정 중에 상처를 입기가 대단히 쉽다. 이 때 엄마 같은 사람이 옆에서 따뜻한 고백을 해준다면 그런 경험이 산모에게 깊이 각인될 뿐 아니라, 심지어는 과거에 친어머니에게 들었던 온갖 부정적인 말조차 싹 잊어버리는 계기가 된다. 그래서 그녀는 자기가 받았던 사랑의 고백을 본능적으로, 그리고 자동적으로 아기에서 쏟아 붓게 되는 것이다.

나는 우리 어머니에게서 무조건적인 사랑을 받지 못하고 살아왔던 사람이다. 아이를 입양하기로 했을 때, 난 혼란스러웠다. "출산 도우미의 도움을 받으면서 아기를 낳아보지도 않은 내가 과연 입양한 아이의 엄마 역할을 제대로 할 수 있을까?" 난 본능적으로 주변에 있는 사랑 넘치는 여성들을 친구로 삼아, 각별한 노력을 기울여 그들을 가까이 하며 그들의 사랑을 받기 위해 애썼다. 하지만 확신이 서질 않았다. 내가 할 수 있는 일이란 그저 사랑 고백을 받고 싶어서 이리저리 다니는 것뿐이었다. 생각으로만 사랑을 떠올리고 있었고, 내 마음 속에서 사랑이 자라기를 간절히 사모할 뿐이었다.

사랑의 고백, 그리고 배움

사랑의 고백은 원래부터 따로 배울 수 있는 것이 아니라, 사랑할 때 자연스럽게 배어 나오는 것이다. 예를 들어, 기억에 대한 최근의 연구들은 우리가 어떤 사건들을 기억한다는 것이 그 사건을 자료화 시켜서 우리 뇌 속에 저장하는 것이 아니라고 한다. 기억은 단지 우리가 경험한 소위 환경 안에 존재하는 것이며, 우리 뇌는 텔레비전 수상기와 같이 그 환경을 떠올려주는 것뿐이라고 한다. 이와 관련하여 하버드 연구원인 하워드 가드너 박사는 우리가 학습하는 지적인 정보들이 각 분야에 따라 구분되어 있다고 주장했다. 즉 언어적 정보, 수리적 정보, 음악적 정보 등. 이런 모든 정보들은 우리를 둘러싸고 있는 기억의 장에 포함되어 있기에, 우리가 어떤 것에 대해 배운다는 것은 그 기억의 장에 맞게 지적인 정보들을 조정하는 것이라고 말한다. 하지만 그런 지적인 정보들을 갖고 있는 실체들과 제대로 된 관계를 맺지 못한다면 우리는 그것을 완전히 배울 수 없다. 예를 들어, 내가 그저 악보나 보고 악기나 연주하는 정도가 아니라, 진정 살아 있는 음악을 배우기 원한다면, 나를 사랑하고 음악을 사랑하는 누군가가 반드시 필요하다. 이런 사람만이 나와 음악적 지식 사이에 가교를 놓아줄 수 있고, 내 재능을 계발시켜서 음악적 지식과 능력을 습득하도록 독려할 수 있다. 따라서 인간은 텔레비전이나 컴퓨터가 아니라, 사랑의 고백을 풍성하

게 나눌 수 있는 사람에게서 많은 것들을 제대로 배울 수 있는 것이다.

집과 직장에서 사랑의 고백을 통해 치료하기

사랑 고백의 반대는 거절이다. 많은 사람들이 거절당한 경험들을 너무 많이 갖고 있기 때문에 그런 거절의 경험에 의해 꽁꽁 묶여 있다. 유명한 결혼관계 치료사인 하빌 헨드릭스는 내담자에게 소위 "정동(情動)범람법"(flooding, 공포증 환자를 공포의 원인에 직면시켜 치료하는 방법)의 과정을 가르친다. 이 과정은 배우자가 서로에게 고백하면서 점점 큰 소리를 지르는 것으로 시작된다. 점점 그 강도를 세게 하여 목젖이 튀어나올 정도로 비명에 가깝게 소리 지르게 한다. 그 내용은 이런 것이다. "당신은 흠잡을 데 없는 사람이예요! 나는 당신을 하늘만큼 땅만큼 사랑해요." 헨드릭스 박사는 이렇게 강력하게 분출되는 긍정적인 에너지와 감정이 그 동안 받아왔던 일체의 비판적인 질책과 거절당한 경험들로 인해 형성된 강력한 부정적인 에너지를 중화시킨다고 믿는다. 우리 뇌는 묶였던 것에서 풀려나 긍정적인 방향으로 나아갈 필요가 있다. 결혼 생활에서는 이런 일이 꼭 필요하다. 행복한 결혼 생활에 대하여 30여 년 간 연구해온 존 고트만 박사는 행복한 결혼 생활을 누리는 사람들은 서로간의 갈등을 해결해나가는 동안에도 감사의 말과 같은 긍정적인 표현들을 부정적인 말보다 5배나 더 많이 한다는 사실을 발견했다. 결혼 생활이 파국에 달해 이혼에 이른 부부들은 긍정적인 말보다는 부정적인 말을 많이 하며 살았던 것으로 밝혀졌다.

우리가 매일 사랑의 고백을 주고받으며 살 수 있는 간단한 방법들이 여러 가지 있다. 예를 들어, 큰 규모의 건강관리 시설에서 일하고 있는 어떤 사회사업가는 직장에서 사람들 사이의 긴장을 쉽게 풀어주는 나름대로의 방법을 가지고 있었다. 그는 직원들에게 상관들과 대화하거나 그 옆을 지나갈 때, 그들의 팔뚝 바깥 부분에 부드럽게 손을 대보라고 일렀다. 대부분의 사람들은 팔뚝 바깥 부분에 손을 댄다고 해서 위협을 느끼지는 않는다. 인간미 넘치는 이런 작은 행동으로 인해 그 직장은 화기애애한 분위기로 변하는 결과가 나타났다.

어떤 사람은 가족들의 일상사를 일년 내내 꼬박꼬박 기록해 둔다. 한 해 동안 딸의 생활을 지켜보면서 순간순간 들었던 사랑스런 생각들을 적어 두고, 또 추억이 될 만한 물건들과 사진들을 수집해 둔다. 그리고는 딸의 생일에 일 년 간 모아두었던 것들을 한데 모아 큼지막한 봉투에 넣어서 딸에게 보여준다. 그리고 함께 그것을 은행에 가지고 가서 개인 안전 금고에 넣어 차곡차곡 보관해 둔다. 그 딸은 스물한 번째 생일이 되었을 때, 지나온 이십일 년 간 자기를 향한 아버지의 사랑이 담긴 봉투 안에 들어 있는 물건들을 모두 보게 된다.

사물들과 사랑의 고백 주고받기

사랑을 고백하는 친밀한 분위기가 거의 없는 가정에서 성장한 사람들이 사랑의 고백을 주고받는 법을 익히려면 우선 자연이나 생명이 없는 사물과 사랑을 주고받는 것부터 시작하는 게 좋다. 돌, 나뭇잎, 풀잎, 좋아하는 그릇이나 도구 등 어느 것이든 상관없다. 어떤 것이든 사랑의 고백을 주고받는 대상이 될 수 있다. 하지만 그렇게 되지 못할 때, 당신은 사람에게 거절당했을 때와 마찬가지로 마음에 상처를 받게 된다. 독일의 시인 릴케는 이렇게 썼다.

우리 할머니와 할아버지에게 집, 우물, 친숙한 탑, 입고 있는 옷, 외투들은 정겹기 그지없는 것들이다. 그분들은 그 모든 것들 속에서 일종의 인간적인 정을 느끼셨고, 그것들과 깊은 정을 나누며 살아오셨다. 하지만 지금 우리 주변에는 미국에서 건너온 시답지 않고, 별로 중요하지 않은 위조품, 그리고 별 볼일 없는 물건들이 가득하다. 마치 살아 있는 것처럼 여기면서 우리 삶을 함께 나누었던 그런 물건들은 이제 곧 사라져버리겠지만, 아무 것도 그것들을 대신할 수 없을 것이다. 아마도 우리 세대가 그런 물건들을 알고 있는 마지막 세대가 될 것이다. 그래서 우리에게는 그런 물건들을 잊지 말아야 할 책임이 있다. 단순히 그것들을 기억하는 것을 말하는 게 아니다. 기억이란 것은 아주 보잘것없고 믿을 수 없는 것이다. 우리가 잊지 말아야 할 것은 그 물건들 속에 담긴 인간적인 정, 가치…, 그런 것들이다.

사람들은 현대 생활의 병폐로 물질만능주의와 소비중심주의를 들곤 한다. 이런 판단은 우리가 지나치게 물질적인 것에 집착을 하고, 또 필요 이상의 물건들을 소유하고 있다는 생각에서 비롯된 것이다. 하지만 나는 정반대라고 믿는다. 오늘날 우리는 우리에게 정말 필요한 물질적인 것들에 별로 관심을 기울이지 않고 있고, 실제로 정말 필요한 만큼

갖고 있지 못하다. 우리 주변에 산적해 있는 물건들은 거의 대부분이 사랑의 마음 없이 생산된 것들이다. 그런 물건들은 우리 마음을 풍요롭게 하지도 못하고, 사랑과 희망을 불러일으키지도 못한다. 예를 들어, 오늘날 5세 어린이들은 평균적으로 260개의 장난감을 갖고 있다. 그런데 한결같이 순간적인 호기심만 자극하는 것들뿐이다. 50여 년 전에는 5세 어린이들이 평균 5개의 장난감을 가지고 있었는데, 대개 자연적인 재료로 만들어진 것들이었다. 칼로리만 높고 영양가는 없는 음식을 매일 배 터져라 먹어대도 실제로는 영영분이 부족한 것과 마찬가지로, 정작 우리를 만족시켜주는 물건이 없기 때문에 사람들이 이것저것 정신없이 가지려고 드는 것이다.

이런 현상을 나는 저녁 식사 초대를 받아서 어느 유명한 레스토랑에

갔을 때 실제로 경험했다. 거기에 온 손님들은 하나같이 명품 옷에, 번쩍거리는 보석들로 치장한 사람들이었다. 큼지막한 구이용 쇠고기와 값비싼 해산물을 위시해서 단체 손님이 네 번은 넉넉히 먹을 수 있는 충분한 음식이 있었다. 나는 사람들의 화려함과 지나치게 많이 차려진 음식에 기가 질렸고, 왠지 나 혼자만 자꾸 소외되는 것 같았다. 후식으로는 갓 구워낸 과자들이 한 테이블 가득히 제공되었다. 테이블 끝에는 과일이 접시에 수북이 놓여 있었다. 난 내 접시에 딸기 세 개를 올려놓고 자리에 돌아와서 아주 천천히 그것들을 먹기 시작했다. 내 앞에 딸기가 있다는 사실과 내가 그것을 정말 음미하고 있다는 사실이 내게는 중요하게 여겨졌다. 이렇게 하자 차츰 소외감이 사라졌고 다른 손님들에게 다가갈 수 있었다.

내가 딸기에게 감사해야 하는 것인지 아니면 딸기가 내게 감사해야 하는 것인지 모르겠다. 이렇듯 다른 것은 포기하고 한 가지 것에 집중할 때 나는 타인과 더불어 사랑의 고백을 주고받을 수 있는 세계로 들어가게 된다는 것을 알았다. 대상물에 집중하다보면 사람에게도 집중할 수 있는 습성이 길러진다. 이것은 바로 묵상의 한 방법이기도 하다.

묵상은 우리를 둘러싸고 있는 환경 가운데 상존하고 있는, 우리를 향한 하나님의 선하심에 마음을 집중하는 것이다.

예수님 역시 사랑의 고백을 필요로 하셨다

심리적으로 자존감을 가지는 데는 사랑의 고백이 중요하다. 하지만 우리가 사랑의 고백을 강조하는 것은 심리적 이유 때문만은 아니다. 사랑의 고백은 영적 생활에 있어서도 기초가 된다. 우리가 사랑받고 있다는 사실을 모른다면 예수님을 따를 수도 없거니와 예수님처럼 살 수도 없다. 예수님이 세례를 받으시던 때, 그분은 "너는 내 사랑하는 아들이라 내가 너를 기뻐하노라"(막 1:11)라는 음성을 들으셨다. 그 후에 그분은 공생애를 시작하셨다. 나중에 그분은 그와 똑같은 사랑의 고백을 다시 들어야만 하셨다(막 9:7). 우리도 예수님처럼 사랑의 고백을 들어야 한다. 그리고 기도하기 전, 혹은 인생을 시작하기 전에 우리 안에 그 사랑의 고백을 키워야 한다. 넬슨 만델라가 남아프리카 공화국의 대통령으로 취임할 때 인용했던 연설 내용에 귀를 기울여보자.

"우리가 가장 두려워하는 것은 우리가 무능하다는 것이 아닙니다. 도리어 우리가 생각할 수 없을 정도로 강하다는 사실입니다. 우리를 놀라게 하는 것은 우리의 어두움이 아니라 우리가 간직하고 있는 빛입니다. 우리는 스스로에게 물어보아야 합니다. 이처럼 명석하고, 훌륭하고, 재능이 넘치고, 멋진 우리들은 과연 누구입니까?

하지만 실제로는…그렇지 못한 여러분은 누구입니까? 여러분은 하나님의 자녀입니다. 여러분의 미약한 참여로는 세상을 섬기지 못합니다. 여전히 빛이 비취지 않는 그늘진 곳에서 불안에 떨며 사는 백성들이 여러분 주위에 많습니다.

우리는 우리 안에 계신 하나님의 영광을 드러내기 위해 태어난 사람들입니다. 그 영광은 우리 안에만 있는 것이 아니라 모든 사람들 안에 있습니다. 우리가 우리 자신의 빛을 비출 때 비로소 다른 사람들도 자신의 빛을 비출 수 있게 됩니다. 우리가 우리 자신의 두려움에서 해방될 때, 다른 사람들도 저절로 해방을 맛볼 수 있게 될 것입니다."

개 인 ••••

1. 눈을 감고 숨을 깊게 들이마시면서, 당신을 감싸 안고 계신 하나님의 사랑을 흡입하라.

2. **당신이 사랑받는다고 느꼈던 순간을 회상해보라.** 당신 자신이나 주변 사람들, 하나님, 그리고 세상에 대해 소속감을 느꼈던 순간. 상상의 나래를 펴고 그 순간으로 돌아가서 그 장면 하나하나를 떠올려보라. 그 순간을 음미하면서 당신은 참으로 사랑받을 만한 사람이며 좋은 사람이란 생각을 해보라.

3. **눈을 뜨고 당신 주위에 있는 물건들이나 사람들을 유심히 보라.** 특정한 사람이나 특별한 물건이 보이거든 그것에 집중하라. 누가 되었든, 혹 무엇이 되었든, 그 장점과 아름다움에 주목해보라.

4. 그 장점과 아름다움에 감동을 받은 후에 감사와 기쁨으로 반응하라.

5. 여러 가지 방법으로 당신의 기쁨을 표현하라. 말로 하기보다 눈을 부드럽게 위로 치커뜬다든지, 미소를 짓는다든지, 두 팔을 위로 펼쳐 올린다든지, 만져본다든지 다양한 방법을 사용하라.

그 룹 • • • •

1. 눈을 감고 숨을 깊게 들이마시면서, 당신을 감싸 안고 계신 하나님의 사랑을 흡입하라.

2. 사랑을 받았다고 느꼈던 순간과 좋았던 순간을 회상하라.

3. **눈을 뜨고 당신의 동료를 쳐다보라. 상대방의 좋은 점을 발견하라.** 상대방의 어떤 점을 당신이 좋아하고 있는지, 혹은 상대방의 어떤 부분에서 하나님의 형상을 발견할 수 있는지 생각해보라.

4. 상대방의 장점을 생각하며 마음에 감동을 느껴보라.

5. 당신이 발견한 상대방의 장점들을 서로 나누라.

chapter 3

하나님의 이미지를 통한 치유

 긍정적이고 사랑이 넘치는 하나님의 이미지를 간직할 때 기도를 통한 치유가 효험이 있다. 우리 같은 몇 사람을 제외하고는 많은 사람들이 하나님을 두려운 존재로 여기며 마음에 그분 모시기를 꺼린다. 많은 사람들이 하나님은 벌을 주는 분이라고 배운 나머지 하나님이란 말만 들어도 무서워서 벌벌 떤다. 이는 공의의 하나님을 잘못 이해한 것이다. 그러한 오해 때문에 하나님은 무시무시한 재판장으로서 우리들의 잘못을 하나씩 손꼽아 벼르고 계시다가 화가 극에 달하면 진노를 발하시고 우리를 지옥에 던져 넣어버리시는 분이라는 이미지가 우리 가운데 만연하다. 이러다보니 우리도 하나님처럼 엄격한 사람이 되어야 마땅한 것처럼 생각한다. 만일 우리 하나님이 그같이 냉혹한 태도를 지니신 분이라면, 우리가 치료받기 위해 기도하는 것은 아무 소용도 없는 일이 되고

만다.

나(데니스)는 심판자이신 하나님에 대한 이미지를 잘못 이해하게 되면 치유를 위한 기도에 방해가 된다는 것을 직접 경험했다. 오히려 그런 하나님에게 기도하면 할수록 심판에 대한 두려움이 더 커지는 결과만 낳았다. 우리가 쓴 『착한 염소들: 우리가 생각하는 하나님의 이미지 치유하기』(*Good Goats: Healing Our Image of God*)란 책에서 나는 내게 도움이 되었던 이야기를 나누었다. 나는 전형적인 독일인이 되고 싶은 마음이 조금도 없었지만, 우리 조상들처럼 나 역시도 한때 의인처럼 행세하며 남을 판단하기 좋아했었다. 그 부끄러운 일들을 그 책에 일일이 적어 놓았다. 나는 몇 년 동안 스스로 의롭게 여기는 그런 내 모습을 고쳐달라고 기도했지만 아무런 소용이 없었다. 그런데 어느 날 나의 부끄러운 모습이 사라져버렸다는 것을 깨달았다.

몇 년 동안 그렇게 애썼는데도 조금도 변하지 않았는데, 어떻게 그렇게 갑작스럽게 변할 수 있었을까? 내가 생각하는 하나님의 이미지가 바뀌었기 때문에 내가 변했던 것이다. 지난 날 내가 믿었던 하나님은 자기 의로 가득 찬 독일인 같은 분이셨다. 나는 당시 용맹무쌍하신 하나님의 모습만 머리 속에 그리고 있었다. 나의 하나님은 심판의 보좌에 앉으셔서, 자기 의로 가득 차서 선한 체하는 독일인처럼, 세상 모든 인간들의 잘못을 샅샅이 살펴보는 분이셨다. 그분이 보실 때 추호라도 못마땅한 부분이 발견될 시에는 자리를 박차고 일어나셔서 죄인들을 깡그리 쓸어 지옥에 던져 넣어버리는 분이셨다. 내가 생각했던 하나님이 그런 분이시니 내가 드리는 기도도, 내가 하는 행동도 얼마나 경직되어 있었는지 모른다. 이제 와서 생각하니 그 시절 존경하는 우리 조상들이나 부모님도 모두 그처럼 엄하셨고, 우리가 경외하는 하나님도 역시 엄하셨다. 내가 생각하는 하나님의 이미지가 복수에 불타는 마음으로 사람을 지옥에 던져버리시는 그런 '독일식의 하나님'에서, 나를 진심으로 사랑하는 쉐일러나 매튜, 혹 가까운 이웃처럼 최소한 나를 향해 사랑을 베푸시는 하나님으로 바뀌면서 스스로 의롭게 여기는 내 모습도 사라졌다. 내가 품고 있던 하나님에 대한 이미지가 계속 치유되기 위해서는 주님이 당하신 고난에 대해 더 깊이 생각해야만 했다.

게헨나에서 우리를 지켜준 목자

몇 해 전 나는 아내 쉐일러와 함께 예루살렘에서 고난주간을 보냈다. 목요일에 우리는 수천 명의 순례자들 속에 섞여 예수님의 최후의 만찬을 기념하는 예식에 참여하였다. 수난일에는 엄청난 수의 순례자들 틈바구니에서 밀치고 밀리면서 예수님이 십자가를 지고 골고다에 오르신 길이라고 말하는 비아 돌로로사를 따라 올라갔다. 그리고 토요일에는 주님이 당하신 고난에 대해 깊이 묵상하기 위해 좀 외진 곳을 찾았다. 우리가 찾아간 곳은 '게헨나' 라는 골짜기였다.

헬라어 '게헨나' 는 '지옥' 을 뜻하기도 하는데, '힌놈의 골짜기' 라는 뜻의 히브리어 '게힌놈' 에서 유래되었다. 이 골짜기는 예루살렘 남동쪽 끝자락에 위치하고 있는데, 예레미야는 고대의 이교도들이 이 곳에서 사람을 재물로 바쳤기 때문에 이 골짜기를 저주하였다. 그 후 여러 세기가 지나는 동안, 예수님 때도 마찬가지로, 이 불결하고 더러운 장소는 유대인들의 쓰레기 처리장으로 사용되었다. 게헨나는 유대인들의 뇌리 속에 언제까지나 끊임없이 불길이 피어오르는 퇴락한 쓰레기

장으로 남아 있을 것이다. 예수님이 하나님의 사랑을 저버린 사람들에게 일어나게 될 일을 지옥이나 게헨나의 이미지에 비추어 말씀하신 이유는 정신신체의학(psychosomatic medicine: 신체의 질환을 정신적 원인과 육체적 현상에 관련지어서 연구하는 의학의 한 분야)이 발견한 현상들과 일맥상통한다. 예수님은 만일 우리가 하나님의 사랑을 저버리는 길로 행한다면 우리가 감정이나 느낌 상으로만 우리 자신을 쓰레기같이 느끼는 것으로 그치지 않고 우리의 신체와 자아 전체가 실제로 완전히 부패하게 되어서 게헨나의 쓰레기같이 될 것이라는 사실을 게헨나의 이미지에 비추어 경고하신 것이다.

우리가 토요일에 그곳에 갔을 때, 그곳에는 한 사람 밖에 없었다. 그 사람은 양과 염소를 치는 목자였다. 그에게 방해가 되지 않도록 좀 멀리 떨어진 곳에 앉아서 조용히 묵상 기도를 드리기 시작했다. 잠시 후에 목자의 복장을 한 다른 남자가 골짜기로 오더니 우리를 보고 인사를 했다. 그는 게헨나 쪽으로 대략 400미터 정도 걸어 들어갔다. 그런데 갑자기 뒤로 돌아서더니 우리를 향해 빠른 걸음으로 다가왔다.

그는 근처에서 방금 아랍 소년들 몇 명을 발견했는데, 그들이 우리에게 다가와서 돌을 던질까 염려가 된다고 일러주었다. (얼마 전 헤브론에서 팔레스타인 사람들이 이스라엘인들에게 학살당한 사건이 있었는데, 그 사건 때문에 일부 아랍인들이 이스라엘을 지원한다는 이유로 미국인들에게 적개심을 품고 있었다.) 그는 우리에게 골짜기를 벗어나야 안전하다고 일러주었다. 그리고는 자기가 데리고 다니는 목동과 함께 20여 분 간이나 우리를 공격의 위험이 없는 안전한 게헨나 바깥 지대까지 인도해주었다. 우리는 그에게 감사 인사를 하고 나서, 게헨나 끝자락에 앉아서 드리던 기도를 마저 했다.

대략 한 시간쯤 지난 후, 우리가 자리에서 일어났는데, 그 목자가 옛 예루살렘 성벽에 올라가서 골짜기 전체를 살피고 있는 것이 보였다.

그는 게헨나에 있는 우리에게 아무런 일도 일어나지 않도록 스스로 파수꾼이 되어 우리를 계속 지켜주고 있었던 것이다. 게헨나 지역을 완전히 빠져나온 우리가 그에게 손을 흔들어 답례하자 비로소 그는 성벽에서 내려와 옛 도시 안으로 천천히 사라졌다.

게헨나(지옥)를 향해 가는 우리를 구원하신 주님

예수님은 하나님을 거절한 인생을 내동댕이쳐버리지 않으시고, 최악의 경우라도 포기하길 원치 않으신다. 심지어 우리가 지옥에 속한 자의 모습일지라도 우리에게 찾아오셔서 우리와 함께하길 원하신다.

이런 진리를 진심으로 깨닫기 전에 나는 중독자 치료 센터에서 인턴으로 일하고 있었다. 치료를 받고 있는 사람들의 얼굴을 자세히 살펴보면 한결같이 지옥에 살고 있는 사람들 같았다. 그 사람들은 자신만의 세계에 틀어박혀서 다른 사람들의 접근을 전혀 허용하지 않는다. 우리들도 대개 한두 번쯤은 강박증이나 중독증에 걸려 치료센터에 있는 사람들처럼 마음의 문을 걸어 잠근 채, 우리를 사랑하는 사람들의

접근을 철저하게 막는 행동을 한 적이 있을 것이다.

치료 센터에서 인턴으로 있는 동안 나는 환자들을 돕기 위해 애쓰는 사랑 넘치는 가족들과 친구들을 무수히 만날 수 있었다. 환자들이 전혀 마음을 열지 않고, 사랑을 손길을 거부해도 그들은 서슴지 않고 환자들에게 가까이 다가갔다. 치료 센터에서 20,000명 이상의 환자를 치료한 로버트 스터키 박사는 이를 악물고 회개하기를 거절했던 완악한 중독자들이 그런 헌신적인 가족들과 친구들로 인해 마음을 풀고 변화되었다고 증언했다. 종종 회복되고 있는 중독자들의 말을 들어보면, 자기들이 처한 지옥 같은 현실 속에 기꺼이 들어와준 사랑하는 가족과 친구들에 대해 무척 고마워하는 것을 느낄 수 있다. 설혹 이 중독자들이 초기에는 중독의 여파로 힘이 없고, 회개하거나 변화될 의도가 전혀 보이지 않는다 할지라도, 그들을 사랑하는 사람들이 기꺼이 그들과 함께한다면, 마침내 치료의 첫발을 내딛게 되는 것이다.

마찬가지이다. 예수님이 엄청난 고난을 당하시고 비참하게 돌아가신 사건에서 우리는 이를 악물고 멸망의 길을 가려고 고집을 부리는 사람들까지도 품에 안으시려는 주님의 말할 수 없는 사랑을 볼 수 있다. 예수님은 심지어 쓰레기처럼 버림받은 사람들까지도 외면치 않으시고, 필요하다면 지옥과 같은 곳이라 할지라도 찾아오셔서 우리가 그분의 사랑과 치료를 받아들여서 새롭게 될 때까지 우리와 함께하신다. 마침내 영광된 부활을 향해 첫걸음을 뗄 수 있게 된다. 하나님의 사랑을 거절하고 지옥의 길을 선택한 사람이 그 길에서 결국 벗어날지 어떨지는 아무도 확신할 수 없다. 하지만 카알 라아너의 말처럼 우리는 모든 사람을 구원하시고자 하시는 주님의 '흔들릴 수 없는 소망'을 붙잡아야 한다.

게헨나를 방문했던 날, 나는 이런 흔들릴 수 없는 소망을 느꼈다. 왜냐하면 모든 상황이 그럴 수밖에 없었기 때문이다. 염소는 죄 때문에 지옥에서 영원히 심판받아야만 하는 자들을 상징한다(마 25장). 우리가 게헨나에서 염소들과 함께 있을 때, 우리는 잠시도 쉬지 않고 염소들을 지키면서 우리가 그곳에서 안전하게 벗어날 때까지 곁에서 떠나지 않고 우리를 보호해준 선한 목자를 만났다.

게헨나에서 그런 일을 경험한 이후로 나는 살아가면서 내가 파멸에 이르는 선택을 했을 때나, 혹은 삐뚤어진 자아를 버리지 않을 때에도 내 곁을 떠나지 않고 함께하고 있는 모든 사람들에게도 감사할 수 있게 되었다. 마치 예수님처럼, 내가 어떤 환경 가운데 어떤 모습을 하고 있든지 관계없이 기꺼이 내 곁에서 나와 함께 있어준 사람들로 인해 나는 치료를 받아 새사람이 될 수 있었다. 하나님께서는 내가 사람들에게 감사하기 시작하자, 자기 의에 사로잡혀 있던 나 같은 독일인을 변화시켜 주셨다. 그래서 나는 하나님을 생각할 때, 나를 세상에서 가장 사랑하시는 사랑 넘치는 분으로 여길 수 있게 되었다.

아마도 당신은 이렇게 반문할지도 모른다.

"그렇지만 데니스, 당신은 본래가 선한 사람입니다. 당신은 그렇게 나쁜 짓을 결코 하지 않았습니다. 하지만 히틀러 같은 사람들은 어떻습니까? 그들도 당신과 마찬가지라고 생각하십니까?"

란벤스브루크 집단 수용소에서 비참하게 죽어간 한 유대인 여성이 작성한 다음의 기도를 생각해보라. 이 기도문은 죽은 아기 옆에서 발견된 강보에 적혀 있었다.

주님, 마음이 착한 사람들만 기억하지 마시고, 악한 사람들도 기억하시옵소서. 우리가 당한 고통만 기억하지 마옵시고, 우리가 이 고통 속에서도 감사함으로 맺은 열매들인 우리의 동료애, 충성심, 겸손, 용기, 관용, 그리고 이 모든 일을 겪으면서 가지게 된 넓은 마음도 기억하시옵소서. 저들을 심판대에 올리셨을 때, 우리가 수고로 맺은 이 열매들로 인하여 저들을 용서하여 주옵소서.

　나의 동족이 저질렀던 사악한 일들에 대해 한 유대인 여성이 이런 기도를 드렸을진대, 그녀보다 더 사랑이 많으신 하나님은 어떠하시겠는가? 사람도 우리를 진정 그토록 사랑할 수 있다면, 그 어떤 사람보다 더욱 우리를 사랑하시는 하나님의 사랑이 우리를 감싸는 것이 지극히 당연하지 않은가!

•••• 적용

••••

1. 눈을 감고 숨을 깊게 들이마시면서, 당신을 감싸 안고 계신 하나님의 사랑을 흡입하라.

2. 당신을 극진히 사랑하고 있는 한두 사람의 얼굴을 떠올려보라. 그 사람들이 당신에게 베푼 친절, 진실, 호감, 지혜 등의 선물을 들이키라.

3. 하나님과 교제하는 시간을 가지면서 하나님의 마음을 헤아려보라. 당신을 극진히 사랑하시는 하나님께 감사를 드려라.

4. 당신과 가장 가까운 사람들이 당신을 사랑하는 것 이상으로 하나님께서 당신을 사랑하신다는 것을 경험하지 못했다면, 당신의 상처와 소원을 가지고 하나님 앞에 나아가라. 하나님의 사랑을 맘껏 들이마시고 만끽하라.

1. 눈을 감고 숨을 깊게 들이마시면서, 당신을 감싸 안고 계신 하나님의 사랑을 흡
   입하라.

2. **특별히 하나님을 가깝게 느꼈던 순간, 그리고 그분을 신뢰했던 순간을 회상하라.**
   자녀의 생일, 다른 사람에게 사랑받아 기분 좋았던 순간, 치유받은 순간 등을 떠
   올리라. 그 순간으로 돌아가서 하나님께서 돌보심으로 인해 안전하게 지냈던 그
   시절을 음미하라.

3. **이제 하나님과 멀어졌던 순간, 그리고 그분을 신뢰하지 못했던 순간을 회상하라.**
   사고 때문에, 혹은 비극적인 일을 당하고 나서 도대체 하나님께서 왜 그런 일이
   생기도록 내버려 두셨는지 이해가 되지 않았던 순간이나, 부끄러운 일을 당해서
   하나님이 야속하게 느껴졌던 순간, 사람에게 배신을 당하여 고독 속에 몸부림쳤
   던 순간을 생각하라. 혹은 돈, 건강, 결혼, 자녀, 강박 관념 때문에 살기 버거워서
   하나님을 신뢰하지 못했던 순간을 기억해보라.

4. 두세 명씩 짝을 지어라.

두 사람일 경우 오른쪽 사람이(세 사람일 경우는 가운데 사람이) 하나님 역할을 하라. 만일 당신이 하나님 역을 맡았다면, 지금 당신 앞에 당신을 믿지 못하는, 외롭고 분노로 가득 차 있는 당신의 자녀가 있다고 상상하라. 당신이 만일 하나님이라면 그 자녀에게 어떻게 다가가겠는가? 아마도 손을 잡거나, 어깨동무를 하거나, 아니면 와락 품에 안아줄 것이다. 하나님께서 당신에게 해주셨으면 하는 행동을 해보라.

5. 왼쪽에 있는 사람(세 사람일 경우는 양쪽에 있는 두 사람)은 하나님의 사랑은 이것보다 훨씬 크다는 사실을 기억하면서, 동료가 취한 사랑의 행동을 그대로 받아주라.

특별히 하나님을 신뢰하기 어려웠던 순간, 혹은 현재의 문제들을 내려놓아라. 잠시 동안 침묵하면서 하나님과 사랑의 고백을 주고받으라.

6. 왼쪽에 있는 사람(혹은 바깥쪽에 있는 사람)이 역할을 바꾸어 하나님 역을 하고,
오른쪽에 있는 사람(혹은 가운데 있는 사람)이 하나님의 사랑을 받는 역할을 하
라.

chapter 4

용서의 5단계를 통한 치유

치유를 위한 기도에 기초가 되는 내용들을 세 장에 걸쳐 살펴보았다. 이번 장에서는 기도를 통해 상처를 치료하는 과정을 소개하겠다. 일단 우리가 받았던 사랑을 회상하며 감사하고(1장), 그 사랑을 현실로 받아들여 심화시키고(2장), 하나님에 대한 사랑의 이미지를 갖게 되면(3장), 그 사랑이 우리의 상처를 어루만질 수 있게 된다.

어두운 뒷골목을 걸어가고 있다고 상상해보라. 방금 지나온 차고 쪽에서 긴 그림자가 경중거리며 다가오더니, 당신을 밀쳐 넘어뜨리고서 돈을 빼앗아 달아났다. 제일 먼저 떠오르는 생각이 무엇일까? '나는 당신을 용서합니다' 일까?

봉변을 당한 상황에서 "나는 당신을 용서합니다"라고 말한다면, 아

마 당신은 세상 사람이 아닐 것이다. 용서하려는 마음이 들려면 어느 정도 시간이 흘러 자연스럽게 마음의 상처가 치료되는 과정이 필요하다. 몸에 난 상처를 치료하기 위해서는 상처 부위에 묻은 피를 닦고 청결하게 유지해주기만 하면 된다. 그러면 그냥 내버려 두어도 혈소판에서 나온 섬유질이 응고되면서 딱지가 생기게 되고, 시간이 지나면 그 딱지도 저절로 떨어져 나간다. 간혹 성질 급한 사람이 그 사이를 참지 못하고 딱지를 미리 떼면 상처가 도지게 된다. 인간사는 다 마찬가지이다. 죽음에 대해 연구해온 엘리자베스 퀴블러 로스 박사는 죽음에 직면한 사람들이 자연적인 슬픔의 과정을 거치고 나서야 비로소 죽음에 대한 상처와 상실감을 수용한다는 사실을 발견했다. 그 과정은 거부, 분노, 타협, 낙심, 그리고 수용의 다섯 단계로 진행된다.

마음의 상처 역시 상실감이 포함되어 있기 때문에 그 상처를 치유하는 과정도 다섯 단계로 진행되는 슬픔의 과정을 그대로 드러낸다. 상실감을 포함한 상처가 치유되면 용서하는 데까지 이르게 되기 때문에, 이 다섯 단계를 용서의 다섯 단계라고 할 수도 있다. 그 단계는 다음과 같다.

1단계-거부(난 상처받지 않았어.)

2단계-분노(난 아무 잘못도 없단 말이야. 그런데 왜…?)

3단계-타협(만일…한다면 용서해줄 수 있어.)

4단계-낙심(모든 게 내 잘못이야.)

5단계-수용(그 상처를 통해서 유익을 얻었기 때문에 이제는 용서하
고 받아들일 수 있어.)

어떤 사람에게는 이 다섯 단계가 뒤섞인 상태로 반복해서 나타날 수
도 있고, 어떤 사람에게는 각 단계가 순서대로 나타날 수도 있다. 그렇
지만 죽어가는 사람이 어떤 느낌을 갖고 있든지 간에 그를 진정으로
사랑하는 사람이 옆에 있다면 그는 마침내 수용의 단계에까지 이르게
된다. 마찬가지로 우리가 어떤 감정상태에 있든지 간에 하나님과 사람
에게 사랑을 받을 때, 우리는 자연스럽게 용서의 다섯 단계를 거쳐서
마침내 수용의 단계에까지 이르게 된다.

나(매튜)는 부모님 댁에 갔다가 돌아오는 길에 이 용서의 다섯 단계를 경험했다. 그때 나는 평화롭게 눈이 내리고 있는 미네하하 크릭 공원 도로를 달리고 있었다. 그런데 갑자기 전방에서 헤드라이트가 비치더니 그 불빛이 내 차로 달려들었다. 핸들을 바깥쪽으로 급히 틀었지만 한발 늦고 말았다. 쇳덩이가 내 차를 덮쳤다. 내가 운전하던 빨간색 경승용차 지오 메트로(Geo Metro)는 거대한 느릅나무를 향해 돌진했다. 핸들을 돌려 가까스로 나무를 비껴 제설차가 쌓아 놓은 눈구덩이에 처박혔다. 상대방 운전수는 멈추지 못했는데, 잠시 후 엄청난 굉음과 함께 트럭을 들이받고 말았다.

기적적으로 살아난 나는 몸을 비틀거리며 차 밖으로 나왔는데, 놀랍게도 상처 하나 없이 멀쩡했다. 박살난 내 승용차를 고치려면 정비공장에 두 달 간은 맡겨야 할 것 같았다. 나는 상대방 차가 충돌한 현장으로 가 보았다. 그는 만취한 상태였고, 싸우려고 대들었다. 나는 넘어오는 분노를 꾹꾹 눌러가며 조용히 그 자리에서 물러섰다. 충격을 받은 상태에서, 나는 내가 받은 상처와 분노를 사소한 것으로 여기고(거

부하고), 이렇게 살아 있는 것이 얼마나 다행스러운 일인지를 되뇌며 위로를 삼았다. 다 망가진 차를 끌고 집으로 돌아올 때도 나는 여전히 떨고 있었지만, 엄습해오는 상처와 감정을 계속 거부한 채 받아들이지 않았다.

분노

다음날 아침에 차를 살펴보니 운전석 쪽이 완전히 찌그러져 있었다. 그 술 취한 운전수가 나를 죽일 뻔했다는 생각이 들었다. 오후에 나는 차를 몰고 부모님 집에 다시 갔다. 미네하하 크릭 공원 도로로 가는 것이 겁났기 때문에 다른 길로 갔다. 다른 길로 갔는데도 교차로에 들어서기만 하면 두려움이 느껴졌다. 다른 차들이 제대로 신호를 지켜서 서줄 것인지 믿을 수가 없었다. 사고를 피하려면 천천히 가는 수밖에 없었다. 나는 갑자기 다른 모든 차들이 무섭게 느껴졌다. 그 후 몇 주 동안 나는 전에 잠그지 않던 문까지 모조리 걸어 잠그기 시작했고, 그것도 모자라서 제대로 잠겼는지 다시 가서 확인하고 또 확인하였다. 불안감 때문에 정상적인 생활이 불가능할 정도였다. 나는 점점 평상심을 잃고 분노의 감정을 품기 시작했다.

경찰은 사고가 내 책임이 아니라고 말했다. 상대방 운전수인 샘은 음주운전으로 판명되었다. 그는 일곱 번이나 체포된 적이 있었고, 세 번의 음주운전, 세 번의 가석방 기록이 있었다. 어째서 그런 사람을 매번 풀어주어서 보험도 들지 않은 상태로 운전을 하고 다니면서 나와 같은 선량한 시민들에게 해를 입히도록 만들었단 말인가? 하지만 이번에는 감옥에 들어가서 죄의 대가를 치르게 되었기에 난 마음속으로 쾌재를 불렀다. 철창 안에 갇혀 있는 샘을 생각하니 내 분노가 다소 누그러들면서 마음에 안도감이 들었고 마음의 상처도 다소 가셨다.

자신이 현재 어떤 단계에 있든지 간에, 자신의 감정을 정확하게 파악하는 것, 그리고 하나님과 다른 사람들에게 사랑받는 것이 도움이 된다. 분노의 단계에 있었던 나는 몹시 화가 난 상태로 내 친구들과 하나님께 차 사고에 대해 이야기했다. 화가 나 있는 나를 사랑으로 감싸주기를 바랐다. 기도하는 중에 나는 예수님의 음성을 들었다. 주님도 내게 해를 입힌 그 술 취한 운전수 때문에 화가 나 있다고 내게 말씀하셨다. 성전에서 돈 바꾸는 자들을 내어 쫓으시며 분노하셨던 예수님 생각이 났다. 나는 예수님도 술에 만취한 그런 운전수는 의당 법정에 세워 징역을 살게 하실 것이라고 상상했다. 분노에 사로잡혀 어쩔 줄 몰라 하는 나를 마다하지 않으시고 사랑해주시는 주님을 생각하자 차츰 가해자인 샘에 대한 격한 감정이 누그러지기 시작했다.

타협

분노가 가라앉자, "샘을 벌하시고 영원히 감옥에 있게 하셔서 다시는 다른 사람에게 해를 끼치지 못하도록 하시옵소서"라는 기도가 "샘이 개과천선하게 인도하시옵소서"라고 바뀌었다. 나는 샘이 법정에서 재판을 받고 징역을 사는 것은 전혀 도움이 되지 않을 거라고 생각했다. 그에게는 익명의 알코올 중독자 모임인 A.A.가 필요했다. 이제 나는 샘이 변화되기를 바라는 타협의 단계에 들어선 것이다. 타협이란 상대방을 용서하기 전에 우리가 상대에게 내놓는 여러 가지 조건이 만족될 때 이루어진다. 나는 내 마음에 흡족할 만한 조건들을 내놓았다. 내가 제시한 타협의 조건은 "만일 당신이 술을 끊고, 다시는 다른 사람의 생명을 위협하는 일이 생기지 않도록 한다면 당신을 용서해주겠다"는 것이었다. 샘은 자아가 완전히 파괴된 상태였기 때문에 타인의 도움 없이는 절대로 혼자서 술을 끊지 못할 게 뻔했다. 그래서 나는 한 가지 기발한 방법을 생각해냈는데, 바로 내가 그의 친구가 되어 그를 A.A.로 인도하는 것이었다.

낙심

그런데 내 마음속에 다른 생각이 일기 시작했다. '나 말고 다른 사람을 찾는 게 낫겠어.' 사고 이후 매우 예민해진 나는 신경불안 증세 때문에 콩으로 메주를 쑨다는 사실 조차 납득할 수 없는 지경이 되었다. '그에게 필요한 사람은 전문가지 내가 아니야' 라는 생각이 들었다. 이제 낙심의 단계에 들어서게 된 것이다. 내가 하는 일이 뭐든지 마음에 들지 않았다. 나 자신조차 싫어하는 상태였기에 샘을 좋아할 리 만무했다. 나는 남을 배려할 줄 모르는 샘이 싫었다. 그가 다시 마음이 바뀌어 술고래가 될 것이 틀림없을 거라는 좋지 않은 감정이 밀려왔다. 샘이란 사람에게 관심을 갖고 싶지 않았다. 나는 그런 좋지 않은 감정들을 정리하기 위해 힘겨운 시간을 보내야 했다. 나는 예수님께 나의 그런 부적절한 감정을 솔직히 털어놓고 그분의 사랑을 구했다. 그러자 차츰 신뢰감이 회복되면서 마침내 감옥에 있는 샘을 보러 찾아갈 수 있었다.

면회를 신청하러 갔는데 샘이 그곳에 없었다. 이미 석방되어 그곳을 나간 상태였다. 순간 나는 샘을 위해서 아무것도 안 해도 되고, 이제 내 갈 길로 가면 된다는 생각에 홀가분한 기분이 들었다. 하지만 차를 운전할 때마다 느끼는 두려운 감정은 가시지 않았다. 교차로에 진입할 때마다 샘과 같은 사람이 모는 차가 나타날까봐 멈칫거리지 않으려면 어떻게 해서든지 그를 한 번 만나야 했다. 난 샘에게 전화를 걸어서 우리 두 사람이 그 끔찍한 사고에서 무사히 살아남은 것을 기념하는 의미에서 함께 만나 저녁식사를 하자고 제의하기로 마음먹었다. 그 자리에서 A.A.에 대해 이야기하는 것도 좋을 것 같았다. 하나님께서 나를 인도하셔서 그를 만날 수 있게 하실 것이란 생각이 들었다. 전화번호부에 '샘'이라는 이름이 없었기 때문에 비슷한 이름을 찾아 전화를 걸기 시작했다. 첫 번째 번호로 전화를 걸었더니 통화 중이었다. 다른 번호로 걸었더니 그가 전화를 받았다.

샘과 통화를 하면서 나도 놀랄 정도로 내가 그를 무척이나 동정하고 있다는 느낌을 받았다. 더욱 놀라운 것은 그가 토요일에 전화를 다시 할 테니 피자집에서 만나 기념식을 하자는 것이었다. 하지만 그는 토요일에 아무런 연락도 주지 않았다. 나는 세 번이나 더 만나자고 약속을 청했으나 그는 번번이 약속 시간 잡는 것을 피했다. 나는 그가 사실은 나를 만나고 싶어 하지 않는다는 것을 눈치 챘다. 그리고 나를 화나게 만들고 싶지 않아서 내 청을 대놓고 거절하지 못한다는 사실도 알았다. 그가 나를 두려워하여 이리저리 피하고 있다는 것을 알아차린 나는 그가 더 이상 내 작은 차를 박살내 버릴까봐 피해 다녀야 하는 거대한 괴물이 아니란 것을 알았다.

그제야 샘에 대한 내 감정이 평온해졌다. 그를 만나려고 애쓰는 와중에 두려움을 극복하게 된 것이다. 다음에 부모님 댁에 갈 때는 예전에 이용하던 미네하하 크릭 공원 도로로 가야겠다는 생각이 들었다. 더 이상 교차로를 지날 때마다 속도를 줄여가며 머뭇거릴 필요가 없게 되었다. 나는 샘이란 사람 때문에 빼앗겼던 안정감을 되찾았다. 설혹 샘이 전혀 변하지 않았다고 해도 그를 얼마든지 용서할 수 있는 상태에까지 이른 것이다.

그는 변하지 않았다. 6개월 뒤 보험회사에서 전화가 왔다. 그가 손해배상을 거부하고 있기 때문에 내가 법정에 가서 증언을 해야 한다는 요청이었다. 나는 잠시 낙심의 단계로 되돌아갔다(각 단계를 왔다 갔다 하는 것은 정상적인 현상이다). 나는 이렇게 생각했다. '나는 그를 도울 수 없다. 그는 결코 바뀌지 않을 것이다.' 그러나 잠시 낙심했던 내 마음에 사랑이 밀려오면서 그를 다시 한 번 도와주어야겠다는 생각이 들었다. 나는 그에게 다시 연락을 해서 책임을 다하는 것이 좋겠다고 일러주기로 했다. 샘은 여전히 달라진 구석이 없었지만 나는 기꺼이 그에게 연락을 취했다. 그 결과 샘은 법정에 출두하는 대신 배상금을 지불하기 시작했다.

수용

나는 이제 나에게 상처를 입힌 사람이 변화되지 않았다 하더라도 그에게 다가갈 수 있게 되었다. 마음의 상처를 통해 나는 결국 수용이라는 단계에 이르렀다. 사고 그 자체는 감사할 거리가 아니다. 하지만 그 사고로 말미암아 나는 더 성숙한 상태에 이를 수 있었고, 하나님, 다른 사람들, 그리고 이 세상과 교제하는 새로운 방식의 삶을 얻은 것에 대해 감사하게 되었다. 끔찍한 일이 벌어질 수 있었던 사고에서 구사일

생으로 살아난 후, 나는 미네하하 크릭 공원 도로를 지날 때마다 하루하루가 내게 주어진 선물이란 사실을 떠올린다.

새해가 되면 나는 아직 살아보지도 않은 십년 뒤의 일을 놓고 이래라 저래라 말하는 대신, "내가 죽기 전에 무슨 일을 해야 할까?"를 묻는다.

그 질문에 대한 대답으로 나는 아버지와 함께 한 주간 동안 낚시를 하면서 즐거운 시간을 보냈다. 그로부터 2년 뒤에 아버지가 돌아가셨다. 수용의 단계에서 우리는 새롭게 주어진 삶에 대하여 감사하게 되고 즐거운 마음으로 낚시를 갈 수 있게 된다.

개 인 ····

1. 눈을 감고 숨을 깊게 들이마시면서, 당신을 감싸 안고 계신 하나님의 사랑을 흡입하라.

2. 당신이 마음에 상처를 받았던 때를 회상하면서 그때의 느낌을 되살려보라.

3. 당신이 느꼈던 감정과 이 순간 당신이 필요로 하는 것들을 예수님께 그대로 말씀드리라.

4. **당신이 어떤 감정을 갖고 있든지 하나님은 여전히 당신을 사랑하신다.** 예수님이 당신에게 하시는 말씀과 당신을 위해 행하신 일들을 묵상하며 그것을 음미하라.

그 룹 ····

1. 눈을 감고 숨을 깊게 들이마시면서, 당신을 감싸 안고 계신 하나님의 사랑을 흡입하라.

2. 당신이 마음에 상처를 받았던 때를 회상하면서 그때의 느낌을 되살려보라.

3. 예수님께 당신의 감정을 말씀드리라.

4. **당신의 마음을 아프게 하고 있는 것과 관련하여 당신에게 가장 필요한 것은 무엇인가?** 그것은 사랑하는 사람의 죽음과 같이 당신 힘으로는 어쩔 수 없는 일을 받아들이는 능력일 수도 있다. 꼭 바꿔야만 하는 환경을 바꾸는 용기일 수도 있다. 그것이 무엇이든지 간에 예수님께 말씀드리라.

5. 이제 눈을 뜨고 한편 손 마른 사람을 치료해주신 예수님의 이야기가 적혀 있는 마가복음 3장 1~6절을 읽으라.

6. **두세 사람씩 짝을 지은 후, 서로 손을 잡아라.** 당신의 동료가 당신의 손을 잡을 때, 예수님이 한편 손 마른 사람에게 손을 뻗쳐 그를 회복시킨 일을 생각하라. 두 사람이 짝을 지은 경우, 오른쪽에 있는 사람(세 사람이 짝을 지은 경우, 가운데 있는 사람)이 예수님이 되어 손 마른 사람(들)의 손을 쥐고 생명을 불어넣는 시늉을 해보라. 예수님의 입장이 되어서, 안식일에 병 고치는 것을 금하는 사람들을

전혀 개의치 않고 손 마른 사
람을 치료해주신 주님의 심정
을 느껴보라. 사람을 불쌍히
여기시는 예수님의 사랑으로
마음을 다해 상대의 손을 잡고
기도를 드려보라.

두 사람이 짝을 지은 경우, 왼
쪽에 있는 사람(세 사람이 짝을 지은 경우에 양쪽에 있는 사람들)은 마음에 상처
를 받고 위축되었던 때를 기억해보라. 당신이 회복되려면 무엇이 필요한지 생각
하라. 당신의 마른 손을 붙잡고 계시는 주님의 손을 떠올리라. 마가복음 3장 1~6
절을 읽으면서 잠잠히 묵상하라.

7. 이제 조용히 역할을 바꾸라. 당신이 예수님의 사랑을 주는 사람이었다면, 이제 그
사랑을 받는 손 마른 사람이 되어보라. 예수님의 사랑을 받는 사람이었다면, 이
제 예수님이 되어 사랑으로 상대를 치료하라. 잠시 묵상 기도를 드리라.

죽은 사람과의 관계 회복을 통한 치유

앞에서 우리는 우리를 극진히 사랑하는 사람의 사랑을 받는 것과 우리에게 상처를 입힌 사람을 용서하는 것에 대해 이야기하였다. 그런데 우리를 극진히 사랑하는 사람이나 우리가 용서해야 할 사람이 죽었다면 어떻게 해야 하는가? 이번 장에서는 이미 죽은 사람들과의 관계 속에 아쉬움이 앙금처럼 남아 있는 사람을 어떻게 치유해야 하는지 살펴보겠다.

몇 년 전에 있었던 영성 수련회에서 우리는 그런 사람들을 어떻게 치료해야 하는지 발견했다. 열한 명의 사람이 우울증, 만성 허리 통증, 성도착증, 알코올 중독 등 여러 기도제목을 놓고 기도하고 있었다. 우리는 서로에게 "언제부터 문제가 시작되었습니까?"라고 물었다.

한 사람은 "삼 년 정도 되었습니다"라고 대답했고, 다른 사람은 "팔

년 정도 되었습니다"라고 대답했다.

그 다음 우리는 "그때 무슨 특별한 일이라도 있었습니까?"라고 물었다.

일곱 사람이 가까운 친구나 가족이 죽었다고 대답했다. 그들에 대한 그리움이나 그들과의 관계 가운데 있었던 문제들을 털어버리지 못하고 있던 이 일곱 사람은 우리의 제안에 따라 그 사람들을 기억하면서 울며 기도하기 시작했다. 그렇게 기도하고 나니 어떤 사람들은 마음이 편해지는 것을 느꼈고, 어떤 이는 응어리진 것이 풀어지는 경험을 했다.

이는 과거에 겪었던 큰 상처가 오랫동안 사라지지 않고 현실 속에서 복합적으로 나타난 사례이다. 죽음은 사랑과 용서의 흐름을 단절시킨다. 죽음으로 인한 단절의 경험은 어떻게 손쓸 수 없는 슬픔을 가져오는 것으로 그치지 않고 그 영향력이 정신과 육체의 건강에까지 미친다는 여러 가지 연구 결과들이 이미 나와 있다. 예를 들어, 사랑하는 사람이 죽게 되면 심장 마비에 걸릴 위험이 14배나 증가하고, 우울증으로 고생할 확률이 15배나 높아지는 것으로 드러났다.

영혼은 사랑 속에 머물고

죽어서 우리 곁을 떠난 사람들과 사랑을 주고받는 것이 가능할까? 물론 가능하다. 그들은 우리 곁에 없지만 우리의 기억 속에 언제까지나 사랑의 대상으로 남아 있다. 대부분의 사람들은 이를 한 번쯤 경험했을 것이다. 예를 들어, 나(데니스)의 어머니는 어느 날 오른쪽 다리에 총상을 입은 것과 같은 극심한 통증이 느껴져서 잠에서 깨어났다. 그렇게 심한 통증은 난생 처음이었다. 그 부위는 외할아버지가 항상 통증을 호소하던 부위였다. 어머니는 그 순간 할아버지를 위하여 기도하셨다. 거의 동시에 전화벨이 울렸는데 할아버지가 방금 돌아가셨다는 소식이었다. 어머니는 할아버지가 운명하시는 순간에 하나님께서 그 사실을 알려주셔서 할아버지의 마지막 죽음의 순간을 위하여 기도하게 하신 것이라고 확신하고 계신다.

작년에 우리 아버지가 심장발작을 일으켜 병원 응급실에 급히 실려 가셨다는 전화 연락을 받았다. 우리 부부는 부랴부랴 아버지 댁에 가기 위해 비행기에 올라탔는데, 나는 비행기 안에서 아버지가 마치 옆에 계신 것 같은 느낌을 받았다. 안개가 자욱하게 낀 곳에서 빛이 환하게 비치는 듯한 느낌이었다. 나는 아내 쉐일러에게 아버지가 운명하신 것 같다고 말했다. 45분 뒤에 비행기를 갈아타기 위해 착륙했을 때, 우리는 전화를 통해서 아버지가 운명하신 사실을 확인할 수 있었다.

사랑은 모든 것을 하나로 연결시켜 준다. 사랑은 영원하며, 비록 사랑하는 사람이 죽더라도 우리의 마음속에 길이 남는다. 사도 바울은 이렇게 고백했다.

"사랑은 언제까지든지 떨어지지 아니하나…그런즉 믿음, 소망, 사랑, 이 세 가지는 항상 있을 것인데 그 중에 제일은 사랑이라"(고전 13:8~13).

다음의 글은 사랑하는 사람의 죽음에 대한 동방정교회의 사상을 잘 말해주고 있다.

하나님은 신실한 영혼들의 천국이시다.
그러므로 하나님께서 천국에 계시는 한

천국은 우리 안에 있다.
그렇다면 우리는 우리 영혼이
하나님의 성전과 같은
거룩한 영혼들의 성소라고 결론지을 수 없는가?

우리 마음속에 그들을 담고 산다는 생각이
옳지 않은 것인가?
태속에 있는 작은 아기가
어머니의 마음에 가깝게 자리 잡고 있는 것보다
신실한 영혼들이 우리 영혼에 더 가깝게 있다고 생각하는 것이 옳지
않은 것인가?
– 마우리스 준델의 "장엄한 예식서"에서

비록 지금은 세상을 떠났기 때문에 내 곁에 없지만 나는 사촌인 메
리 제인이 마치 내 안에 살아 있는 것 같은 체험을 하였다. 그녀가 살
아 있는 동안 나는 그녀 곁에 있는 것을 좋아했다. 온종일 스트레스를
받으며 지내다가도 그녀 앞에만 가면 언제나 마음이 편안해졌고 안정

을 되찾았다. 그녀는 지금 내 곁에 없지만 그녀가 내게 주었던 안정감
과 평안함은 지금도 내 마음 한 편에 늘 자리 잡고 있다. 마치 그녀가
내 속에 터를 잡고 살면서 '뭐라 형용할 수 없을 정도로 가까이' 있는
듯하다. 태중에 있는 아기가 산모와 가깝다고 해도 이에 비할 수 없을
것 같은 느낌이었다.

시공을 초월한 추억 속의 사람들

죽은 자들이 우리 속에 집을 짓고 산다는 동방정교회의 표현이 자못
흥미롭다. 추억 속에 존재하는 사람들은 시간과 공간의 제약을 받지
않는다. 이미 하나님의 품에 들어간 그들은 어찌 보면 어디에든 존재
한다고 할 수 있고, 영원히 우리와 함께하고 있다고도 할 수 있다. 과
학적으로 따진다면 우리는 현재 시간과 공간 안에서만 존재한다. 하지
만 우리의 마음은 뇌라는 공간이나 현재라는 시간에 전혀 얽매이지 않
는다. 프린스턴에서 행해진 연구는 우리의 마음이 시간과 공간을 초월
한다는 사실을 잘 보여준다.

프린스턴 대학교의 공학 비정상현상 연구소(PEAR)에서 10여년에 걸쳐 실시한 연구에 따르면, 실험 대상자로 참여한 사람은 임의의 신체 자극에 반응하기도 하지만, 지구 반대편과 같이 상당히 멀리 떨어진 곳에 있는 사람이 보내는 복합적인 정보에도 정신적으로 반응할 수 있었다. 더욱 놀라운 사실은 송신자가 지구 반대편에서 정신적으로 보내는 구체적인 정보를 수신자가 감지할 수 있었을 뿐만 아니라, 송신하기 삼 일 전의 정보까지 감지할 수 있는 것으로 나타났다.

참으로 대단하지 않은가? 시간과 공간을 초월하는 우리의 정신 능력이 지구 반대편에서 신호를 송신하기 삼 일 전의 정보까지 감지할 수 있다니 말이다. 연구원들이 발견한 바에 의하면 기도에 기초가 되는 사랑, 공감, 동정은 우리의 정신 능력을 촉진시켜 시공을 초월한 경지에 이르게 한다고 한다. 이것은 우주적이며 무조건적인 사랑의 영역이다.

임사 체험(NDE's, 죽음에 가까이 이르렀던 체험)을 경험한 사람들의 말을 들어보면, 시공을 초월한 상태에서 어떤 무조건적인 사랑과

동정어린 빛의 존재를 아주 쉽게 접할 수 있었다고 한다. 그 사람들의 신체는 실험대 위에 누워 있었지만, 그들은 현관 밖, 심지어는 멀리 떨어진 집에 있는 가족들을 볼 수 있었다고 한다. 그들이 보았다는 빛의 존재는 전형적으로 그들이 과거에 겪었던 일들을 다시 경험하게 하여 교훈을 주기도 하고, 때론 개개인에게 미래에 닥칠 일들을 미리 보여주곤 한다는 것이다. 임사 체험에서 깨어나면, 그들은 다른 사람들에 비해 미래의 사건에 대하여 좀더 많은 기대를 하며 다른 곳에서 현재 벌어지고 있는 일들에 관심을 더 많은 가진다고 한다.

꿈에서 만나는 추억의 사람들

임사 체험에 들어갔을 때 이미 세상을 떠난 사랑하는 사람들을 만났다는 이들이 많이 있다. 임사 체험을 한 사람들은 그 사람들이 여전히 자기들에게 사랑과 관심을 보이고 있다는 사실을 알게 되었다고 말했다. 죽은 사람들이 지금도 우리에게 관심과 사랑을 갖고 있다는 사실을 깨닫기 위해 굳이 임사 체험을 할 필요는 없다. 평범한 일상 속에서도 그 사실을 깨달을 수 있다. 예를 들어, 짐은 26년 전에 돌아가신 어머니를 만나는 체험을 했다. 짐은 어린 시절 자기를 다정다감하게 대해 주지 않은 어머니로 인해 마음에 깊은 상처를 안고 살아왔다. 그는 50세가 넘어서까지도 어머니의 그 냉정하고 쌀쌀맞은 모습을 지워버리지 못한 채 정서적으로 몹시 괴로워했다. 어머니에 대한 분노를 키워온 그는 어머니의 묘소조차 찾지 않았고, 어머니의 사진을 볼 때마다 증오

심에 사로잡혔다. 짐은 아내를 진정 사랑하고 있었지만 어머니에 대한 분노를 결혼 생활에 쏟아 부었다. 그래서 그는 아내에게 상처를 입히는 억지소리를 거침없이 해댔다. 신앙심이 깊은 짐은 자신의 그런 모습이 하나님께 합당하지 않음을 깨닫고 돌파구를 찾기 위해 안간힘을 썼다.

그가 어느 날 기도를 드리고 있는데, 갑자기 마음에 말할 수 없는 평강이 찾아들면서 각별하신 하나님의 사랑이 임하는 느낌을 받았다. 그는 어머니를 용서할 수 있게 도와달라고 주님께 간절하게 간구하였다. 그는 훌쩍거리며 울고 있는 7살 때의 자기 모습을 떠올렸다. 그런 다음 어머니의 어린 시절을 상상해 보았다. 일곱 살짜리 여자아이가 소리도 제대로 못 내

고 흐느끼며 울고 있었다. 상상 속에서 어머니의 어린 시절을 본 짐은
어머니에게서 동병상련의 정을 느꼈고 어머니가 한없이 불쌍하게 느
껴졌다. 그러고 나서 그는 자기 나이 또래의 성인 여성이 된 어머니를
그려보았다. 어머니가 "내 태도가 네게 얼마나 큰 짐이 되었는지 잘 안
단다. 정말 미안하구나"라고 말하는 소리가 들리는 듯했다. 어머니가
이처럼 자기에게 솔직한 심정을 털어놓으며 용서를 구하는 모습을 전
에는 감히 상상조차 할 수 없었다. 상상 속에서나마 짐은 어머니에게
진한 사랑의 고백을 듣는 경험을 했다.

짐은 그것이 여태껏 살아온 가운데 가장 소중한 치유의 경험이었다
고 우리에게 말했다. 그 경험으로 인해 어머니에 대한 적개심과 분노
의 감정이 말끔하게 사라져버렸다. 이제 그는 어머니를 생각할 때마다
훈훈한 사랑의 감정을 느끼고 있다. 그는 "전에는 어머니 따위는 내게
없다고 했지만, 지금은 내 뒤에 계시는 것 같아요"라고 말한다. 이런
체험을 한 후, 아내를 함부로 대하고 비판하던 짐의 행동이 점차 줄어
들었다. 하나님과 가깝게 교제하면서, 그는 주님이 자기를 있는 모습
그대로 사랑하시며 진실로 자신을 위하신다는 사실을 쉽게 믿을 수 있

게 되었다. 유능한 정신요법 의사인 그는 자신의 겪었던 체험으로 인해 특별히 죽은 사람과의 관계에서 문제를 갖고 있는 많은 사람들을 잘 치료해주고 있다. 하나님께서 자신을 도우셨듯이 자신을 찾아오는 환자를 능히 도우실 것이라는 확신 속에서 많은 사람들에게 도움을 주고 있다.

비록 짐의 모친은 돌아가신 지 26년이나 지났지만 짐의 마음에 여전히 살아 있었기에, 짐은 어린 시절부터 단 한 번도 들어보지 못했던 사랑한다는 한마디 말을 상상 속으로나마 들을 수 있었고, 결국 변화된 삶을 살 수 있었다. 우리의 체질을 잘 아시는 하나님께서 짐을 그런 방법으로 치료하신 것이다. 우리는 이미 우리 곁을 떠난 사람들에 대한 미운 정과 고운 정을 사랑의 마음으로 다 털어버려야 한다.

···· 적용

1. **죽은 나사로를 살리신 예수님의 이야기를 묵상하라**(요 11:32~44). 눈을 감고 숨을 깊게 들이마시면서, 당신을 감싸 안고 계신 하나님의 사랑을 흡입하라. 죽은 나사로를 향한 주님의 사랑이 당신 속에 가득 넘치기까지 그 사랑을 맘껏 들이키라.

2. **오른쪽 주먹을 꼭 쥐라. 그 손이 나사로의 무덤을 막고 있던 바위라고 생각하라.** 이미 세상을 떠나서 당신이 만날 수 없는 사람을 기억해보라. 아직 해결되거나 치유되지 않은 채, 그 사람이 있는 무덤 입구를 꽉 막고 있는 당신의 바위는 어떤 것들인가?

3. **예수님께 바위를 옮겨 달라고 요청하기 전에 무덤 속에 있는 사람에 대한 당신의 감정을 예수님께 말씀드리라.** "주께서 여기 계셨더라면 내 오라비가 죽지 않았을 것입니다"라고 원망 투로 말씀드렸던 마르다와 마리아처럼, 당신 속에 앙금처럼 남아 있는 실망감을 말씀드려도 된다. 그러면 마음이 많이 풀릴 것이다. 당

신의 솔직한 감정을 주님께 털어놓은 다음, 예수님이 당신에게 응답하시는 말씀에 귀를 기울이라.

4. 이제 준비가 되었으면 머리부터 발끝까지 수의로 동여매어 있던 죽은 나사로가 다시 살아 나오는 장면을 연상하면서, 주님과 함께 바위를 옮겨라. 그 사람의 머리에서부터 수의를 벗겨내라. 얼굴 부분이 나타나면 다시 살아난 그의 눈동자를 응시하며 당신이 그에게 하고 싶었던 말을 해보라.

5. 할 말을 다했으면 가슴 부분의 수의를 벗겨내라. 그 사람이 당신에게 해주고 싶었지만 차마 하지 못하고 가슴 속에 깊이 감추어 두었던 이야기를 들어보라.

6. 그 사람이 당신 삶 가운데 어떤 영향을 미치고 있는지 말하라. 그 사람의 장점, 혹

은 짐의 어머니처럼 당신의 마음에 깊은 상처를 안겼던 점을 말해보라.

7. 마음이 평안해졌으면 그 사람에 대한 좋은 생각을 마음에 품도록 하라. 예수님이 거하시는 당신의 마음에 정찬을 차려놓고 그를 기쁘게 초대하는 상상을 하라. 그에 대한 나쁜 생각을 지워버리고 대신 따뜻한 마음으로 그 자리를 채워라. 숨을 깊게 들이마셨다가 길게 내쉬라.

chapter 6

이웃을 위한 기도를 통한 치유
:신발 기도

여러 해 동안 영성 수련회를 인도해 오면서 우리는 대부분의 사람들이 자기보다는 타인을 위하여 기도하고 싶어 한다는 사실을 깨달았다. 주위의 누군가가 고통을 겪고 있으면 사람들은 그를 위해 기도한다. 심지어 자기 마음에 상처를 입힌 사람을 위해서도 기도하면서, 하나님께 그 사람을 변화시켜 달라고 호소한다. 교육을 받으러 온 사람들은 보통 그 자리에 없는 사람들을 위해서도 기도하고 싶어 한다. 그래서 우리는 멀리 떨어져 있는 다른 사람들을 위하여 기도하는 법을 가르쳤다.

우리가 처음으로 이웃을 위한 기도의 위력을 실감한 것은 달라스에서 사역할 때였다. 참석자들 대부분은 이혼한 사람들이었는데, 그 가운데 일곱 명은 상대방에 대한 증오가 얼마나 심하였던지 상대방이 지금 어디에 살고 있는지도 몰랐고, 알고 싶어 하지도 않았다. 이 일곱 명의 사람들은 우리의 인도에 따라 자기들은 물론이고 이혼한 배우자들도 치료해 달라고 하나님께 기도하였다. 일 년 뒤 우리가 다시 달라스를 방문했을 때, 일곱 명 중 다섯 명이 지난해 모임을 마친 후 두 달이 못 되어 상대방에게서 연락이 왔다고 하였다. 이들은 그때까지 5년 내지 15년 동안 서로 연락도 없이 살고 있었다. 그들이 어디 살고 있는지조차 몰랐지만 그들을 위해 기도했을 때 시간과 공간을 초월한 치유가 이루어졌던 것이다.

우리만 이웃을 위한 기도의 능력을 주장하는 것이 아니다. 과학도 역시 이웃을 위한 기도가 가지는 치료의 능력을 인식하기 시작했다. 벨의 원리라고 알려진 발견에 근거하여 여러 실험을 한 결과, 다음 사실들을 알아냈다.

만일 계속 붙어 있던 두 개의 원소 입자를 떨어뜨려 놓았을 때, 한 쪽에 변화를 주면 다른 한 쪽도 즉각 똑같은 변화를 일으키는 것을 볼 수 있다… 우주 반대편까지 떼어 놓더라도 말이다.

기도에 있어서도 마찬가지이다. 서로 연관된 두 사람 가운데 한 쪽이 기도하면 다른 한 쪽도 같이 변화되는 것을 알 수 있다. 심장병 전문의인 랜돌프 비어드는 샌프란시스코 종합 병원에서 행한 연구를 통해 이러한 현상을 밝혀냈다. 그는 무작위로 뽑은 393명의 심장병 환자를 두 그룹으로 나누었다. 그리고 이들을 위해 기도해줄 사람들을 모아서 한 쪽 그룹에 속한 사람들만을 위해서 기도하도록 했다. 의사나 환자 모두 누가 기도를 받고 있는지 모르게 했는데도 불구하고, 기도를 받고 있는 그룹에 속한 사람들에게서 현격하게 합병증이 감소하는 결과를 나타냈다. 항생제 사용도 5배나 줄었다. 기도를 받는 그룹에 속한 사람들 가운데 심장발작을 일으킨 사람이 단 한 명도 없었는데 반해, 다른 쪽은 12명이나 심장발작을 일으켰다. 기도를 받는 쪽은 인공호흡기를 사용한 사람이 한 사람도 없었지만, 다른 쪽은 12명이나 있었다. 더욱 놀라운 사실은 기도를 받은 사람들 가운데는 사망한 사람이 단 한 명도 없었지만, 다른 쪽 사람들 중에는 3명이나 사망하였다는 것이다. 26개 조항의 의학적 실험 항목 거의 대부분에서 기도를 받은 환자들이 훨씬 좋은 경과를 보였다. 이 연구 조사 결과가 발표된 후, 심지어 믿음으로 병을 고치는 것에 대해 회의적인 내용의 책을 저

술했던 윌리엄 놀란 박사조차도 "우리 의사들은 진료 기록부에 '하루에 세 번씩 기도하자' 라고 써야 할 것이다"라고 말했다.

우리에게 상처를 준 사람을 위한 기도

우리에게 상처를 준 사람을 위해서 기도한다는 것은 여간 어려운 일이 아니다. 하지만 우리에게 반드시 필요한 것이기에 우리는 한 가지 기도 방법을 생각해 냈다. 그 기도 방법이 많은 치유의 결과를 가져왔기 때문에 우리는 모든 영성 수련회 프로그램에 그 기도 방법을 적용시키고 있다. 이 방법은 북아메리카 원주민인 수족(Sioux 族)이 드렸던 "위대한 신이시여, 내가 내 이웃의 모카신(moccasin, 북아메리카 원주민들이 신던 밑이 평평한 노루 가죽신)을 신고 한걸음이라도 걸어보기 전에는 결코 그 사람을 비난하지 않도록 해주소서"라는 기도에서 착안한 것이다. 우리는 이 기도 방법을 '신발 기도' 라고 부른다. 왜냐하면 오른쪽 신발을 서로 바꾸어 신고 기도를 드리는 방법이기 때문이다. (우리는 40여 개 국에서 이 기도 방법을 통해서 좋은 결과를 얻을 수 있었다. 일본에서는 우리가 말하기도 전에 이백 명이나 되는 참석자들이 모두 자기 신발을 벗어서 교회 문 앞에 놓은 일도 있었다.) 다른 사람의 신발 한 짝을 신고 기도를 드리는 것은 우리에게 상처를 준 사람의 입장에 서서 그를 이해하고 동정하는 마음을 갖는다는 상징적인 의미를 지니고 있다.

이 기도 방법을 사용했던 사람 중에 게레온이라는 사람이 있었다. 그는 1944년 히틀러의 군인들에 의해 온 가족이 죽임을 당하는 아픔을 겪은 사람이었다. 복수심에 불타오른 게레온은 히틀러를 암살하려는 계획을 갖고 있던 결사조직에 세 군데나 가입했다. 35년의 세월이 지난 후에도 그는 여전히 히틀러를 용서할 수 없었다. 그런 상태에서 그는 우리가 인도한 신발 기도 모임에 참석했다. 게레온은 자기 오른쪽 신발을 벗어서 다른 사람과 바꾸어 신는 순간, 자기가 받아든 신발이 아돌프 히틀러가 신고 다니던 것과 꼭 같은 군화인 것을 보고 깜짝 놀라고 말았다. 우리는 참석자들에게 각자 받아든 신발을 신고 걸어 다니면서 그 신발의 주인이 된 듯한 기분으로 기도하라고 말했다. 게레온은 히틀러를 떠올리게 하는 군화를 신고 걸어보기 시작했다. 군화의 딱딱한 감촉이 느껴졌다. 그는 군인처럼 뻣뻣한 자세로 의자에 등을 기대고 앉아서 바닥에 발을 곧추세워 딛고는 히틀러가 된 듯한 느낌을 가지려 하였다. 그 완고하고 강직되어 있는 히틀러의 세계가 느껴지자 그는 히틀러에 대해 측은한 마음이 들기 시작했다. 그는 히틀러가 저질렀던 만행을 용서할 수 있을 것만 같았다. 하지만 히틀러의 완악한 마음만큼은 용서가 되지 않았다. 그런데 히틀러의 그 완악한 마음이 이상하게도 낯설게 느껴지지가 않았다. 갑자기 게레온은 눈물을 흘리기 시작했다. 히틀러가 가진 그 완악한 마음이, 지난 35년 간 자기가 용서하지 못한 채 품고 살았던 완고한 마음과 전혀 다르지 않다는 것을 그 순간에 깨달았기 때문이었다.

게레온은 계속 기도했다. 이번에는 자신의 왼쪽 신발을 의지하고 걸으면서, 그렇게 완고한 자신을 여전히 사랑하고 계신 하나님을 생각했다. 게레온은 양극단에 서는 유혹에서 벗어났다. 전에 자기 신발만 신고 다닐 때는 몰랐던 것을 다른 사람의 신발을 신어보고서야 깨닫게 된 것이다. 우리는 자신이 받은 만큼만 남에게 줄 수 있는 법이다. 그러기에 자신의 신발을 신고서 자기가 받고 있는 사랑을 느끼는 것도 역시 중요하다.

내 속에 사랑이 차고 넘쳐야 다른 사람의 신발을 신고 걸을 때 자연스럽게 상대에게 내가 받은 사랑을 전해줄 수 있다. 기도회가 끝날 무렵까지, 게레온은 오랫동안 자기 신발을 의지하고 걸으면서 자기의 완고한 마음을 치료해주시는 하나님의 사랑에 흠뻑 빠져들었다. 히틀러를 용서하는 마음이 솟구쳐 올라왔다. 이윽고 기도회를 마무리할 때가 되었다. 그는 군화를 벗기 위해 허리를 굽혔다. 그 순간 게레온은 허리를 굽힐 때마다 자신을 괴롭혔던 통증이 없어진 것을 알았다. 지난 35년 동안 그는 허리 통증으로 말할 수 없는 고통을 겪어왔었다. 게레온은 말 그대로 히틀러를 등 뒤로 던져버렸던 것이다.

게레온이 자기를 히틀러와 동일시하며 기도했던 그 신발 기도는 예수님이 우리를 위한 중보가 되셨을 때 사용하셨던 방법과 일치한다. 중보자이신 예수님은 우리와 한결같이 되셨으나 죄는 없으셨다(히 2:14~18; 4:15; 7:25). 죄만 빼놓고 모든 면에서 우리의 입장이 되어주신 예수님은 항상 우리의 신발을 신고 다니시면서 우리를 위해 간구하고 계신다.

사랑하는 사람을 위한 기도

신발 기도는 우리에게 상처를 준 사람만을 위한 것이 아니라, 우리가 애정을 갖고 있는 사람들 가운데 멀리 떨어져 있는 사람을 위한 기도이기도 하다. 지난해 메리가 전화를 걸어 이런 소식을 나에게 전했다.

"검사 결과 유방암이란 진단을 받았어요. 2주 후에 수술을 받기로 했어요. 암세포가 임파선까지 퍼져 있을지도 모른대요."

그녀의 음성은 두려움으로 흠뻑 젖어 있었다. 메리는 나(쉐일러)에게 암세포가 오른쪽 유방 윗부분에 자리 잡고 있다고 알려줬다. 나는 그녀를 위해 매일 기도했다. 나는 그녀의 신발을 신고 걸으면서 그녀가 말한 부위에 손을 얹고 기도했다. 자녀를 향한 뜨거운 모성애를 지니신 하나님께(이사야 49:15 참조) 간구했다. 메리가 아기에게 젖을 먹일 수 있는 건강한 가슴을 가진 여성으로 살아갈 수 있게 해달라고 기도했다. 내 오른쪽 가슴 위쪽에 손을 얹은 채, 내 가슴을 통로로 삼아 메리의 오른쪽 가슴에 건강한 에너지를 넣어달라고 간청했다. (나는 추호도 메리의 병이 내게 옮겨올지도 모른다는 생각은 하지 않았다. 만일 메리의 병이 내게 옮겨올까봐 두려웠다면, 나는 메리를 위해서 기도하기 전에 먼저 '내 신발을 신고 걸으면서' 내 염려부터 없애달라고 기도했을 것이다. 그렇게 하지 않는다면 그녀에게 평안과 치유가 임하게 해달라고 기도하기는커녕 두려움을 가진 내 자신과 실랑이를 벌이느라 정신을 다 빼앗겼을 것이다.) 나는 그녀의 가슴이 치료의 광선을 받아 부드럽게 치료되는 상상을 했다. 하나님과 메리와 내가 치료의 강물 속에서 하나가 되어 모든 질병이 씻겨져 나가는 듯한 느낌이 들었다.

나중에 나는 메리에게서 하나님께서 그녀를 어떻게 돌보셨는지 자세한 이야기를 들을 수 있었다. 그녀는 수술을 받는 동안 내내 마음이 평안했다고 한다. 검사 결과 다행히 임파선에서는 암세포가 전혀 발견되지 않았다. 메리는 지금 그 어느 때보다도 건강하고 당당하게 여성으로서의 자긍심을 가지고 살고 있다. 게다가 그녀는 여성 문제(특별히 유방암) 해결을 위해 헌신적으로 일하고 있다. 그녀는 하나님께서 자기를 돌봐주신 것처럼 다른 여성을 돌보고 싶다고 고백했다.

내 건강이 메리의 몸으로 전달되는 것을 마음속에 그리며 기도한 것은 전혀 이상한 일이 아니다. 과학자들이 연구한 바에 따르면, 상상이 타인의 생리적 변화를 유발시키는 일이 얼마든지 가능하다고 한다. 의학계에서는 예전부터 마음의 생각에 따라 자신의 혈압, 피부 표면의 온도, 뇌파 등을 조절할 수 있다는 생체자기제어 이론을 받아들이고 있다. 윌리엄 브라우드 박사가 연구한 내용은 그 이론에서 한 걸음 더 나아간 것을 알 수 있다. 바로 우리의 마음과 생각이 멀리 떨어져 있는 다른 사람의 생리 현상에도 영향을 미칠 수 있다는 사실을 발견한 것이다. "그것이 어느 정도냐 하면, 상대를 마치 내 몸처럼 움직일 수 있을 정도이다." 기도는 인간의 이런 자연적인 능력을 드러나게 하며 강화시키는 힘이 있다.

　다음 사례는 멕시코에서 모임을 개최하기 전에 벌어졌던 일이다. 우리는 지부장인 토마스와 함께 수상스키를 타러 갔다. 그런데 토마스가 스키를 타다가 넘어져서 다리 인대를 다치고 말았다. 그는 다리를 펼 수도 없었고, 일어설 수도 없었다. 수많은 멕시코 운동선수들을 치료했던 유명한 스포츠 전문의에게 그를 보였다. 이 의사는 그 같은 부상을 백 번 이상 치료해보았다고 말했다. 그리고는 부상을 당한 다리가 치료되려면 한달은 침대에 누워 있어야 한다고 확신했다.

　다음날 오후, 나(매튜)는 한 그룹을 맡아서 신발 기도 과정을 인도했다. 나는 한 발로 딛고 서서 토마스를 생각하며 기도했다. 나는 예수님의 치료의 능력을 음미하며 예수님의 능력이 내 다리를 통해 토마스의 다리로 흘러들어가도록 간구했

다.

　그날 오후 늦게 우리는 숙소로 사용하고 있던 토마스의 집으로 돌아왔다. 그런데 누워 있어야 할 토마스가 문을 열어 주는 것이 아닌가! 그는 하루 종일 침대에 누워 있었는데 어느 순간엔가 갑자기 부상당한 발이 후끈거렸다고 말했다. 느낌이 이상해서 다리를 펴보려고 했는데, 글쎄 통증도 하나도 없이 너무도 자연스럽게 움직일 수 있어서 깜짝 놀랐다고 했다. 그때가 언제쯤이었는지 물어보았더니 바로 내가 한 쪽 발을 들고 그를 위하여 기도하던 바로 그 시간이었다. 그는 "다음 번에는 목발을 빌리기 전에 우선 나를 위해 기도해줄 사람을 찾아봐야겠어요"라고 말했다. 그는 원래 기도로 병을 고친다는 것을 믿지 않던 사람이었다. 나중에 그는 목발 대여소 맞은편에 우리를 위해 사무실을 하나 마련해주었다.

신발 기도는 타인의 세계로 우리를 초대하는 기도이다. 이미 타인의 세계에 아주 깊게 들어가본 사람도 있을 것이다. 매우 가깝게 지내는 사람의 세계일 수도 있고, 마음에 깊은 상처를 준 사람의 세계일 수도 있다. 이미 타인의 세계에 들어가는 법을 스스로 터득한 사람이 있겠지만 이 기도 방법은 그 접근법에 있어서 전혀 다르다는 것을 말하고 싶다. 이 기도는 타인을 이해하고 자유롭게 하려는 목적으로 행해진다. 특별히 이 기도는 첫 번째 단계가 중요하다. 이 기도의 주안점은 우리 자신이다. 그래서 반드시 한 쪽에는 자신의 신발을 신고 있어야 한다.

1. **다른 사람의 오른쪽 신발을 찾아서 당신의 오른쪽 발에 신고, 당신의 왼쪽 발에는 자신의 신발을 신어라.** 눈을 감고 숨을 깊게 들이마시면서, 당신을 감싸 안고 계신 하나님의 사랑을 흡입하라.

2. **당신이 기도해주기를 원하는 사람을 생각하라.** 게레온의 경우처럼 당신에게 상처를 준 사람일 수도 있고, 메리나 토마스처럼 도움이 필요한 사람일 수도 있다.

오른쪽 신발은 그 사람의 세계를 대표한다.

3. 먼저 당신 자신의 세계를 상징하는 왼쪽 신발에 집중하라. 당신이 기도해주기를 원하는 그 사람을 생각할 때 어떤 느낌이 드는지 생각하라. 특별히 당신 몸에 어떤 현상이 느껴지는지 생각하라. 목구멍으로 서러움이 북받쳐 오르는 느낌이 들 수도 있다. 위장 속에 분노의 응어리가 맺히는 기분일 수도 있고, 근심 때문에 목이 뻣뻣해지는 느낌이 생길 수도 있다. 그런 것이 느껴지는 부위에 손을 가만히 얹어놓으라. 타인을 위하여 기도하기 전에 시간에 구애받지 말고 숨을 길게 내쉬며 지금 당신에게 필요한 것이 무엇인지를 생각하라. 이 기도를 드리는 데는 특별히 당신이 사랑하는 할아버지와 할머니같이 친밀함이 느껴지는 믿음직한 사람이 있었으면 좋겠다는 생각이 들 수도 있다. 다음 단계를 진행하면서 만일 타인의 세계를 감당하기 벅차다는 생각이 들면, 이번 단계로 되돌아오라.

4. 예수님과 함께 다른 사람을 위해 기도할 준비가 되었다면, 당신의 오른쪽 신발에

신경을 집중하라. 다른 사람의 신발을 신고 걷는 동안 당신이 그 사람의 입장이 되게 해달라고 하나님께 청하라. 이제 그 사람의 입장이 되어서 그의 생각과 감정의 세계로 들어가려고 시도하라. 그 사람의 세계에 들어갔다는 전제 하에 당신의 이마, 얼굴, 턱, 어깨, 등, 손, 다리가 그 사람 것이라고 생각하라. 어떤 부위가 분노로 뭉쳐 있는지, 두려워서 떨고 있는지, 부끄러워 웅크리고 있는지, 슬픔에 겨워 벅차하는지, 거절로 인해 굳어 있는지 살피라. 당신의 몸 전체가 상대의 몸과 똑같다고 느껴질 때까지 그렇게 하라.

5. **상대방이 치료가 필요한 사람이라면 그 사람 안에 계신 성령님이 어떻게 탄식하며 기도하시는지 스스로 물어보라.** 성령님이 하시는 기도는 '내가 너와 함께하리라", "평안하라"는 등 짤막한 것일 수도 있다. 성령님이 하시는 기도를 따라 기도하라.

6. **자신을 상대방이라고 생각하고 하나님이 사랑으로 발하시는 그 따뜻한 치료의 광선을 흡입하여 상처 입은 모든 부분에 가득 채워라.** 숨을 내쉬며 어둠과 짐을 모두 내몰아 버려라. 속마음이 새 생명으로 가득 찰 때까지 이 단계를 반복하라.

7. **이제 당신 자신에게로 돌아오라.** 상대방을 붙잡고 있던 손을 놓고 하나님의 손에 그를 맡기라.

8. **건강을 위해 기도해주는 것은 우리가 기도하고 있는 상대방에게는 물론이거니와 우리에게도 새 생명이 충만해지는 기분을 들게 한다.** 상대방의 짐이 당신에게 남아 있는 기분이 들면 세 번째 단계로 돌아가서 이후의 단계를 반복하라.

chapter 7

짝기도를 통한 치유

앞 장에서 소개한 기도들은 모두 혼자서 하는 기도이다. 그러나 우리는 가정과 공동체 속에서 기도가 필요한 사람들과 함께 기도를 하곤 한다. 그럼에도 불구하고 많은 사람들이 다른 이들과 함께 하는 기도가 얼마나 능력이 있는지 잘 모른다.

나(매튜)는 예전에 병 고치는 기도는 부흥회를 인도하며 맹렬하게 기도하는 부흥사나 사역자들만 하는 것인 줄로 생각했다. 그 당시 내 신앙은 열렬하지도, 경건하지도 않은 상태였다. 그러던 중, 한여름 동안 메리라는 할머니와 함께 지내게 되었다. 수족(族)의 후손이었던 그 할머니는 내게 다코타 인디언에 대한 이야기를 많이 해주셨다. 내가 그곳을 떠난 지 얼마 지나지 않아서 메리 할머니가 심장발작으로 병원에

입원하셨는데 상태가 매우 심각했다. 할머니의 가족들이 할머니를 위해서 기도해 달라고 내게 부탁했다. 병원에 도착하니 간호사가 메리 할머니의 맥박수가 혼수상태에 빠진 이 주 전에 비해 급격히 떨어지고 있다고 말했다. 나는 메리 할머니의 손을 잡고 말했다.

"메리 할머니, 저 매튜예요. 할머니를 사랑하기 때문에 여기까지 왔어요. 할머니를 아주 사랑하는 손자들이 할머니가 아프다고 제게 알려줬어요. 할머니를 돕고 싶지만 우리가 할 수 있는 일이 아무것도 없네요. 예수님이 우리들보다 훨씬 더 할머니를 사랑하고 계세요. 주님은 할머니를 위해서 무엇이든지 해주실 수 있어요. 제 손을 예수님 손이라고 생각하세요. 예수님이 이끄시는 대로 따라가세요."

몇 분 동안 나는 할머니의 손을 잡고 조용히 할머니를 천국 집으로 평안히 이끌어 달라고 예수님께 기도했다. 그러고 나서 다른 환자들을 만나야 했기 때문에 그 자리에서 나왔다.

돌아가는 길에 간호사실에 들렀더니, 메리 할머니가 방금 혼수상태에서 깨어나셔서 나를 찾고 있다고 알려줬다. 믿을 수 없었지만, 사실

을 확인하기 위해 병실로 달려갔다. 메리 할머니는 놀라워하는 나를 보시더니 웃으며 입을 여셨다.

"난 입을 움직이거나 말할 수는 없었어도 들을 수는 있었단다. 네가 내 손을 잡고서 예수님께 이렇게 손을 잡아달라고 기도하는 순간 예수님이 정말 내 손을 잡아주셨단다. 나는 예수님과 함께 꽃들과 노래하는 새들이 가득한 아름다운 정원을 가로질러 걸었지. 한참 걷다가 예수님이 갑자기 멈추시더니, '내게 네게 무엇을 해줄까?'라고 물으셨단다. 난 예수님께 손자들이 안타까워하니 돌아가게 해달라고 말했지. 그러자 예수님은 나를 다시 이 곳으로 돌아오게 하셨고, 난 의식을 되찾고 깨어날 수 있었단다."

믿을 수 없는 일이 일어난 것이다. 난 그저 할머니가 평안한 상태로 세상을 떠날 수 있게 해달라고 가녀리게 기도한 것뿐인데 예수님은 메리 할머니의 생명을 건져주셨다. 내가 한 것은 아무것도 없었다. 심지어 내 마음에 품고 있던 메리 할머니에 대한 사랑도 예수님이 내게 넣어주신 것이다.

나(쉐일러)는 내 친구 알렉스를 통해서 병 치료를 위해 짝을 지어서 기도하는 법을 배웠다. 나는 단 한 번도 내가 병 고치는 은사를 받았다고 생각해본 적이 없다. 그래서 알렉스가 자기의 만성 편두통을 위해서 함께 기도해 달라고 부탁했을 때 난 몹시 당황했다. 거절할 수 없어서 그의 머리에 손을 얹어 놓고 기도하면서, 창조된 세상을 볼 때마다 항상 느꼈던 사랑의 하나님의 임재를 생각했다. 어린 시절부터 나는 나뭇잎, 꽃, 풀잎 등에서 휘황찬란한 하나님의 임재를 느끼곤 했다. 그 하나님의 임재를 기억하며 알렉스와 함께 기도하는데, 사랑으로 그득한 하나님의 임재가 내 몸의 세포 하나하나에게까지 느껴졌다. 나는 하나님의 임재가 알렉스의 머릿속에 있는 정맥과 동맥과 근육질과 신경을 타고 흐른다고 상상했다. 놀랍게도 내가 그를 위해 기도할 때 알렉스의 편두통이 조금씩 사라졌다. 나중에 그가 나에게 말했다. "네가 기도할 때 내 편두통이 사라져버렸던 까닭은 네가 세포 하나하나까지 사랑하는 마음으로 기도했기 때문이라고 생각해."

나(데니스)는 30일 간의 영성 수련회에서 캐롤을 만난 후에야 비로소 짝기도의 능력을 깨달을 수 있었다. 유전적으로 청각 장애를 가진 캐롤은 입술 모양을 보고 말을 알아들어야 했다. 나는 '캐롤과 함께 기도하면 하나님께서 그녀의 청각을 회복시켜 주실지 모른다'고 생각했다. 그렇지만 그때 내가 기도해주던 친구가 암으로 죽은 후였기 때문에 내 기도로 캐롤이 고침 받게 된다는 확신을 갖지는 못했다. 그래서 용기를 잃은 채 나는 '누군가 그녀와 함께 기도해주거나, 그녀가 특별 집회에 참석하면 고침을 받을 수 있을 텐데' 라고 생각했다. 하지만 나는 결코 캐롤을 위한 기도의 모험을 감행하지 못했다. 그래서 그녀는 영성 수련회가 끝났을 때도 전혀 나아진 것이 없이 집으로 돌아가야 했다.

일 년 후 나는 캐롤에게서 한 통의 편지를 받았다. "나는 이제 들을 수 있게 되었답니다. 물 떨어지는 소리, 뒤에서 나는 사람 소리, 새 소리, 바람 소리…그 모든 소리가 마치 음악 같아요." 그녀는 친구가 그녀와 함께 기도해주어서 마침내 들을 수 있게 되었다고 이야기했다. 유전적 청각 장애가 사라진 것은 아니었지만, 의사들은 그녀의 청력이 완전히 회복되었다고 확인해 주었다. 의사들도 놀랐겠지만 나 역시도 충격을 받았다. 기쁨과 슬픔이 교차하는 심정이었다. 그녀가 들을 수 있게 되었다니 너무도 기쁜 일이었지만, 그녀를 위해 기도해주지 못한 것이 못내 아쉬웠다. 캐롤의 치유는 내게 용기가 되었다. 그 즉시 우리는 모임 중에 짝기도 방법을 적용시켰다. 무슨 병에 걸렸든지 병 낫기를 원하는 사람과 둘씩 짝을 지어 기도하도록 했다. 기도시간은 불과 5분 정도이고, 조용하게 묵상으로만 기도를 했는데도, 캐롤의 치유와 같은 체험담들이 속속 답지하고 있다.

일례로, 과테말라의 어느 산골에 살고 있는 조아퀸이란 노인은 우락부락한 외모에 말수도 적은 분이었는데, 칠천 명이 모인 자리에서 투박하게 말을 꺼냈다.

"난 귀가 들리지 않는 사람이었습니다. 짝을 지어서 기도를 하라는 말을 듣고는 내 아내가 내 귀에다 손을 대고 기도를 해주기 시작하더군요. 근데 갑자기 종소리가 들렸어요. 문이 열리는 것처럼 내 귀가 '뻥' 하고 뚫렸어요. 이제는 모든 소리가 분명히 들려요."

조아퀸 부부처럼 서로 짝을 지어 5분 동안 기도한 참석자들에게 우리는 항상 어떤 일이 일어났는지 묻는다. 거의 모든 사람들이 전에 맛볼 수 없었던 기쁨과 평안이 넘치는 기분이었다고 고백했다. 또한 그들은 자기와 함께 기도한 사람과 더욱 가까워진 것을 느꼈다고 했다. 우울증과 소외감이 무서운 독감처럼 빠른 속도로 번지고 있는 요즘 시대에 이런 기도는 정말 획기적인 것이다. 신체의 질병을 가지고 있던 사람들 가운데 75퍼센트 가까운 사람들이 확연하게 질병이 호전되는 것을 경험하였고, 조아퀸과 캐롤의 사례와 같이 완전히 치료되는 경우도 많았다.

치료는 사랑에서 비롯된다

캐롤이 자기 친구들과 함께 발견한 것이나 조아퀸 노인이 아내와 함께 경험한 것은 치유가 사랑에서 비롯된다는 사실이다. 예를 들어, 예수님이 야이로의 딸을 고치실 때, 그분은 베드로, 안드레, 요한, 그리고 그 소녀의 부모들만 데리고 들어가셨다(눅 8:49~56). 예수님이 이 사람들만 택하신 이유는 아마도 그들이 진정으로 주님과 그 어린 소녀를 사랑하는 사람들이었기 때문이었을 것이다.

때로 병에 걸린 사람이 우리에게 기도를 요청할 때, 우리는 그 사람을 진심으로 사랑할 수 있는 사람들을 선택해서 기도에 동참하게 한다. 우리는 보통 세 사람을 선택하는데, 병에 걸린 사람과 가장 친한 친구, 같은 병을 앓고 있는 사람, 같은 질병을 겪다가 치료받은 사람이다. 왜냐하면 그들이 병에 걸린 사람을 진심으로 동정할 수 있는 사람들이기 때문이다. 이 세 사람이 예수님의 사랑을 마음에 품고 기도하다보면 자신들 역시 치료되는 체험을 하기도 한다. 예수님이 치료의 근원이시자 사랑이시기 때문에, 우리는 사랑이 넘치는 곳에서 더욱 치료의 역사가 강하게 나타나는 것을 경험한다.

현대의학도 치료에 영향을 미치는 사랑의 능력을 인정하고 있다. 버니 시걸 박사는 이렇게 말한다.

"나는 조건 없는 사랑이야말로 면역 항체 형성에 가장 강력하게 작용한다고 확신한다. 내가 환자들에게 '당신은 혈액 내에 면역 글로블린이나 T 임파구 수가 늘어나도록 노력해야 합니다'라고 말하면 환자들은 어떻게 그렇게 할 수 있느냐고 되물을 것이다. 하지만 자신과 다른 사람들을 진심으로 사랑하라고 가르치면 자동적으로 몸 안에 그런 변화가 찾아온다. 이것은 거짓 없는 진실이다. 치료는 사랑에서 나온다."

식물도 마찬가지로 사랑에 민감하게 반응한다. 사람에게서 사랑한다는 고백과 고맙다고 말을 들은 식물은 아주 잘 자란다. 우리 몸의 모든 세포들과 세상의 모든 피조물들은 하나님의 사랑을 앙망하며 사랑에 반응하도록 창조되었다.

반복해서 드리는 기도

하나님께서 모든 인간을 단번에 완전하게 고쳐주시면 좋을 텐데, 왜 그렇게 하지 않으시는 걸까? 우리는 그 이유를 명확히 알 수 없다. 때로 병 낫기를 위해 기도해보지만 내세에 대한 소망만 주실 때도 있다. 그렇다 하더라도 우리는 병의 치료를 위해 계속 기도해야 한다. 왜냐하면 현세에서 병 낫기를 위해 계속 기도할 때 사랑이 더욱 넘치게 되기 때문이다.

예를 들어, 우리가 얼마 간 기도하다 보면, 처음 몇 번 기도할 때는 그 사람이 마음에 평화를 경험하는 것으로 그치고 말 때가 많다. 그 후로 여러 차례 더 기도하다 보면 통증이 줄어들고 마침내 병에서 놓여 치유되는 체험을 하곤 한다. 우리가 한 번 더 기도할 때마다 치유를 일으키는 사랑이 상대방에게 그만큼 더해지는 것 같다.

우리 친구 밥의 경험을 통해 우리는 그 사실을 확신할 수 있었다. 밥은 백내장을 앓고 있는 조안이라는 여성을 위해 기도한 적이 있었다. 그녀는 앞이 전혀 안 보일 정도로 심한 백내장을 앓고 있었고, 수술도

할 수 없는 절망적인 상태였다. 밥이 조안의 남편 에드와 함께 그녀를 위해 기도를 하자, 그녀는 앞에 있는 것들을 알아보기 시작했다. 하지만 잠시뿐이었다. 다시 보이지 않게 되었고, 회복의 기미는 보이지 않았다. 그러자 밥이 말했다.

"집에 돌아가셔서 매일 밤 5분씩 함께 기도하세요. 각자 어떻게 기도할 것인지 상대방에게 말해주세요. 그런 다음 서로에게 손을 얹고, 예수님이 당신들의 마음에 부어주신 그 사랑을 기억하며 기도하세요. 한 달 뒤에 다시 와서 나에게 어떤 일이 일어났는지 말해주세요."

그들은 한 달 뒤에 나를 다시 찾아왔다. 조안은 글씨를 또렷이 읽을 수 있을 정도로 회복되어 있었다. 그녀는 나에게 이렇게 고백했다.

"우리는 이전에 서로가 너무 멀어졌다고 느낀 나머지 이혼하려고 했었어요. 그런데 매일 밤 함께 5분씩 기도하면서 얼마나 우리가 서로를 사랑하고 있는지 알게 되었어요. 내 눈만 치료된 것이 아니라 우리의 결혼 생활도 고침을 받았어요."

기도할 때 치료가 즉시 이루어지지 않을 때도 많이 있다. 그렇지만 그때 우리는 치료를 일으키는 사랑의 능력이 넘쳐흐르도록 거듭해서 기도를 드려야 한다.

예수님의 사랑 주고받기

다른 사람과 짝을 지어 기도하는 것은 간단한 일이다. 우리가 비록 기도를 통해 신체적인 질병을 치료한 예만 들었지만, 마음의 질병도 똑같은 기도의 방법으로 치료할 수 있다. 우리가 다른 사람을 위해 기도하는 위치에 있다면, 우리는 우리 자신을 예수님과 동일시하는 것이다. 예수님과 동일시한다는 것은 우리 속에 내주하시는 사랑 많으신 예수님의 심정을 품는 것을 의미한다. 예수님의 심정을 마음속에 품을 때, "이제는 내가 산 것이 아니요 오직 내 안에 그리스도께서 사신 것이라"(갈 2:20)는 고백을 할 수 있게 된다.

예를 들어, 우리가 다른 사람을 위해 기도하려고 할 때, 우리는 예수님과 같은 마음을 품게 된다. 그 다음에 우리의 마음에 있는 예수님의 사랑이 흘러나와 우리의 손을 통해 상대방에게 전달되도록 하는 것이다. 그래서 기도는 아무 말도 하지 않는 상태에서도 큰 역사를 일으킬 수 있다. 치료해주시는 예수님의 사랑이 상대방에게 가득 넘치게 하기만 하면 조용한 상태에서도 놀라운 능력이 나타날 수 있다.

만일 우리가 기도를 받는 입장이라면, 우리는 그저 숨을 들이마시듯이, 우리와 짝을 지어 기도하는 사람의 손길을 통해 우리에게 다가오는 예수님의 사랑을 받아들이기만 하면 된다. 우리는 병든 부위를 주님의 사랑이 감싸는 장면을 마음속으로 그릴 수 있다. (예를 들어, 허리가 아프다면 그분의 사랑이 허리를 감싸고 있다고 생각하라. 우울증이나 상실된 인간관계의 치료가 필요할 경우에는 그 사랑이 우리 마음을 감싸는 것을 상상하라.) 대단한 생각이나 굉장한 믿음이 필요하지 않다. 우리가 기도를 해주든지, 혹은 기도를 받든지 간에 값없이 주시는 예수님의 사랑으로 말미암아 치료가 이루어진다는 사실을 깨달으라.

1. **고침 받기 원하는 병을 서로 고백하라**(예를 들어, '난 지금 우울하답니다"라든지, "나는 허리가 아파요"라고 말이다.)

2. **기도를 먼저 해줄 사람과 먼저 받을 사람을 정하라.** 만일 당신이 먼저 기도해주는 차례라면 숨을 깊게 들이키면서, 치료해주시는 예수님의 사랑이 당신 속에 충만해지도록 하라. 당신 마음에 예수님의 사랑의 마음이 충만해졌다면, 마치 그곳에 정말로 예수님이 계셔서 상대방을 다정다감하게 돌보신다는 마음을 가지고 상대방에게 손을 얹으라. 절대 침묵을 유지하는 가운데, 당신의 마음에서 상대방에게로 예수님의 사랑이 전달되도록 하라.

3. **만일 당신이 기도를 받는 입장이라면, 계속 숨을 들이마시면서 예수님의 사랑을 맘껏 받아들여야 한다.** 당신과 함께 기도하고 있는 사람의 마음과 손길을 통하여 당신에게 흘러들어오고 있는 예수님의 사랑을 들이마시라. 아픈 부위로 그 사랑을 끌어들여라.

4. 5분쯤 후에 역할을 바꾸라.

당신이 혼자 있다고 해도 얼마든지 다른 사람을 위해 기도할 수 있다. 예수님의 사랑이 당신의 손을 통해서 당신이 기도해주기를 바라는 사람에게 흘러들어가는 것을 상상하라. 당신 마음에서 흘러나오는 예수님의 사랑으로 그 사람이 충만해지는 모습을 상상하라.

chapter 8

반추(反芻)를 통한 치유

우리가 하루 일과를 마칠 때마다 빼놓지 않고 하는 과정을 소개함으로 이 책을 마무리 하고자 한다. 매일 밤, 우리는 함께 모여서 촛불을 켜놓고, 하루를 뒤돌아보며 두 가지 질문을 스스로에게 던진다. 오늘 가장 감사했던 일은 무엇인가? 오늘 가장 감사하지 못했던 일은 무엇인가? 우리는 이 두 가지 질문을 다른 방식으로 응용해볼 수 있다.

● 오늘 하루 중 사랑을 가장 많이 주고받았던 순간은 언제인가?
● 오늘 하루 중 사랑을 전혀 주고받지 못했던 순간은 언제인가?

● 오늘 하루 중 가장 좋았던 순간은 언제인가?
● 오늘 하루 중 가장 나빴던 순간은 언제인가?

● 오늘 하루 중 나 자신, 이웃, 하나님, 세상에 대해 소속감을 느꼈던 순간
은 언제인가?
● 오늘 하루 중 소외감을 강하게 느꼈던 순간은 언제인가?

몇 분 동안 이 질문들을 조용하게 묵상한 후, 하루 동안 경험했던 일을 다른 사람과 함께 나눈다. 이런 과정을 보통 영성 훈련에서는 "반추"(反芻)라고 한다. 우리는 그 과정 속에서 위안과 낙심을 동시에 접하게 된다. 수세기 동안 기도로 살았던 사람들은 이들 두 가지 내적 요인이 서로 작용할 때 우리 속에 계신 성령님의 인도하심을 분별할 수 있다는 것을 알아냈다.

일례로, 나(쉐일러)는 여러 차례 비행기를 갈아타며 오랜 시간 여행한 끝에 목적지에 도착한 날 저녁에 여행 과정에 대해 반추해보는 시간을 가졌다. 우리가 도착한 도시에 있는 사역자들에게 따뜻한 환영을 받던 그날, 나는 무척 즐겁고 행복했다. 그런데 그날 무엇이 가장 좋았는지 스스로 묻는 순간, 비행기를 갈아타기 위해 잠시 머물렀던 공항에서 한 아이와 놀았던 일이 떠올랐다. 짧은 시간 동안 그렇게 여러 가지 놀이를 즐겼던 적은 없었다. 그날 그 아이로 인해 내가 얼마나 위로

와 즐거움을 얻었는지 모른다. 나는 수시로 그런 즐거움을 다시 겪었으면 하고 바랐다.

하나님께서는 언제나 다양한 방법으로 우리에게 위로를 주려 하신다. 그렇게 함으로써 생명의 근원이신 하나님은 우리가 서로 귀중한 생명을 나눌 수 있도록 인도하신다. 그런 깨달음을 얻고 나서 데니스와 나는 아기를 갖기로 하였다. 반추의 과정이 없었다면 우리는 공항에서 아이를 만난 짧은 순간을 그저 즐거운 추억이나 위로를 얻었던 단순한 사건으로 받아들이고 말 수도 있었을 것이다. 하지만 반추를 통해 더 깊은 깨달음을 얻음으로써 우리의 삶의 방향이 급선회한 것이다. 우리 부부는 세상에서 가장 소중한 생명을 원하게 되었다.

낙심도 위안만큼 중요하다

낙심하게 되는 순간도 위안과 마찬가지로 중요하다. 예를 들어, 우리(데니스와 쉐일러)가 아이를 입양하려고 준비할 때, 우리는 방을 하나 더 마련해야겠다고 생각했다. 별로 넉넉지 못했기 때문에 우리는 치밀

하게 계획을 세워야 했다. 그날 밤 우리는 하루 종일 콘크리트 부속건물을 세우기 위해 계획을 세웠던 일을 반추해보았다. 그렇게 열심히 계획을 세우는 동안 우리 꿈이 구체화되는 것처럼 느껴졌기에 우리에게 얼마나 위로가 되었는지 모른다. 그런데 현실적으로 부속건물을 짓기에는 우리 집에서 이웃집과의 경계가 생각보다 너무 좁았다. 우리는 계획을 완전히 바꾸어서 좁은 공간만 차지하는, 지하실과 다락방이 있는 방을 설계해 보았다. 그렇지만 설계 기술자는 너무 좁아서 계단을 설치할 공간이 전혀 없다고 우리에게 일러주었다. 좀 불편하더라도 원래 건물에 있는 난간을 이용해야만 했다. 밤중에 우리는 하루 일에 대해 반추를 하면서 그 모든 계획을 수립하는 과정 속에 위안과 낙심이 교차하는 것을 발견했다.

기초공사를 하기 전날 밤, 쉐일러는 다른 먼 곳에 가 있었다. 밤 10시 30분경에 건설업체 사장이 전화를 걸어왔다. 삼 주 동안 내가 그렇게 전화를 했었는데도 통화를 할 수 없었던 사람이다. 그랬던 사람이 갑자기 전화를 해서는, 우리가 계획을 변경했기 때문에 처음에 예상했던 것보다 비용이 4배나 더 들어갈 거라고 통보했다. 다음 날 아침 건축업자가 기초공사 장비를 몰고 왔다. 그런데 우리 집이 도로보다 높기 때문에 기초공사 장비를 우리 집 마당에 올리기 위해서는 크레인이 필요하다고 말했다. 물론 크레인을 부르는 비용이 또 추가되었다. 크레인이 도착하기 30분 전에 쉐일러가 집에 돌아왔다. 나는 그녀에게 기초공사 작업에 드는 추가비용을 말해주었다.

부속건물을 짓게 되었다며 좋아했던 마음이 완전히 낙심의 상태로 바뀌는 순간이었다. 하지만 이미 많은 시간을 들였고, 또 여러 사람이 우리를 도와주기로 했기 때문에 돌이킬 수도 없는 상황이었다. 어떻게 우리가 이 시점에서 공사를 중지하랴? 그 순간 쉐일러의 머릿속에 결혼 후에 남편 때문에 평생 고생하며 사는 한 친구가 떠올랐다. 그 친구는 약혼한 후 내내 결혼 결정을 후회하면서 침울한 마음으로 지냈지만, 이미 사람들에게 초청장을 보낸 뒤라 돌이키기에는 너무 늦었다고 생각하고 결혼식을 올렸다. 그때 우리는 다들 그 친구에게 "늦지 않았어. 지금이라도 관둘 수 있어"라고 만류했었다. 그 친구 생각을 하는 사이에 크레인이 도착하고 있었다. 우리는 집 앞 언덕을 달려 내려가서 손을 가로로 저으며 소리쳤다. "정지! 정지!" 우리는 크레인 기사에게 기다리라고 말하고 나서 건축업자를 불러 이야기를 나누었다.

우리는 전체적인 상황에 대해 그와 이야기를 나눈 뒤에, 감당하기 힘든 건축비용을 써 가면서 골머리를 앓느니 차라리 우리 계획을 포기하는 것이 더 좋겠다고 판단했다. 결국 건축업자에게 이번 공사는 없었던 것으로 하기로 하고, 우리는 공사 계획을 취소했다. 크레인 기사에게 일당만 지불하는 것으로 모든 것을 끝내버렸다.

이 일로 우리는 아주 소중한 것을 배웠다. 우리가 낙심하는 상태에 이르게 될 때, 더 늦어지기 전에 "아니오"라고 말해도 된다는 진리를 말이다. 또한 어떤 결정을 내릴 때, 그 시작과 중간과 마지막 단계를 거치는 동안 마음속에서 들려오는 위안과 낙심의 소리에 계속 귀를 기울이는 것이 중요하다는 것도 배웠다. 시작 단계에서 위안을 느꼈다고 해서 계획이 진행되는 동안 귀를 틀어막고 있어서는 안 된다. 생각해 보라. 우리가 부속건물을 짓고자 했을 때, 처음에는 위안이 우리 마음을 주장하였다. 하지만 우리의 계획이 너무 복잡하게 되자 낙심이 우리가 가진 계획에 경보를 울렸다. 우리는 두 달을 더 기다렸다가 완전히 새로운 계획을 세웠다. 새로 만난 건축업자는 기초공사 비용을 비싸게 요구하지도 않았고, 크레인 없이도 일할 수 있다고 했다. 비록 그 무거운 시멘트를 언덕까지 지고 날라야 하는 수고를 해야 했지만 우리는 무리 없이 평안한 마음으로 계획을 진행시킬 수 있었다.

반추한 것을 나눔

특별히 우리가 반추를 할 때 좋은 점은 다른 사람과 그 내용을 나눌 수 있다는 것이다. 그렇게 하면 가족과 공동체 내에 더 깊은 친밀감이 형성된다. 반추한 내용을 나눔으로써 우리는 다른 사람의 세계를 쉽게, 그리고 정기적으로 접할 수 있다. 또한 우리와 다른 방식으로 살고 있는 사람들을 더 쉽게 이해하고 용납할 수 있다. 우리는 때로 어떤 사람에게는 위안이 되는 일이 다른 사람에게는 낙심의 원인이 되는 경우를 발견한다.

나(매튜)는 매년 여름마다 데니스와 쉐일러의 집에 몇 주 동안 머물면서 글을 쓴다. 그곳에 있는 동안 나는 금요일 저녁마다 그 동네에 있는 뷔페식당에 갔는데, 내게는 그 시간이 아주 즐거웠다. 2달러만 있으면 뭐든지 맘껏 먹을 수 있었기 때문이다. 원래 1달러였는데 여름이 되어 두 배로 올랐지만, 큰 문제는 없었다. 접시 바닥에 쏘시지를 얇게 펴서 깔고, 먹고 싶은 만큼 햄, 피자, 갈비, 계란말이 등을 가득 올려놓는다. 식당은 언제나 많은 사람들로 시끌벅적하며 붐볐다. 사람들은 대부분 맥주를 가져다가 코가 삐뚤어지도록 마셔댔다. 나는 네 번이나 음식을 가져다 먹었다.

우리 세 사람이 함께 그 식당에 처음 갔던 날, 우리는 집에 돌아와서 반추하는 시간을 가졌다. 나는 단돈 2달러로 내가 먹고 싶은 음식을 실컷 먹을 수 있어서 너무 기분이 좋았다고 말했다. 그런데 놀랍게도 쉐일러는 정반대였다. 그녀는 그 뷔페식당에서 식사하는 내내 마음이 편치 않았다고 말했다. 그도 그럴 것이 그녀는 모든 것들을 손수 만들어 사용하는 사람이었다. 음식도 마찬가지였다. 심지어는 밀가루도 직접 빻아서 만들었다. 그녀는 촛불이 켜져 있고 꽃병으로 장식되어 있는 식탁에서 조용하게 담소를 나누며 식사하는 것이 훨씬 더 좋다고 했다. 그 반추의 시간을 통해서 우리는 서로의 차이를 긍정적으로 받아들이고 인정할 수 있게 되었다. 이제 금요일 밤이 되면 쉐일러는 데니스와 나를 사람들이 우글거리는 뷔페식당에 보내놓고, 집에 남아서 조용히 정원에 앉아 자기 일을 보곤 한다.

어린이도 반추를 할 수 있다

『잠자기 전에 즐기는 영의 양식』(*Sleeping with Bread*)에서 우리는 반추에 대한 내용을 자세하게 기록해 놓았다. 그 책이 출간된 이래 수 많은 사람들이 반추로 인한 경험들을 알려왔다. 어떤 사람은 이미 오래전부터 자신이 터득한 방법으로 반추를 해오고 있다고 하였다. 또 어떤 사람은 그 책을 읽고 처음으로 반추를 시작해보았다고 했다. 우리가 가장 감명 깊게 느낀 이야기는 네 살짜리 어린이도 반추를 한다는 내용이었다. 어린아이를 위한 질문은 이런 것일 수 있다. "오늘 언제 가장 행복했니? 오늘 언제 가장 슬펐니?"

현대를 사는 어린이들은 대중매체가 밤낮없이 쏟아 붓고 있는 광고에 젖어 살기 때문에 타의에 의해 선택을 강요받고 있다. 이에 비해 반추는 어린이들이 하나님의 음성을 듣게 하여 진정 자신이 무엇을 자발적으로 선택해야 하는지 알게 하는 효과가 있다.

기독교교육을 하고 있는 한 여교사는 아홉 살짜리 아이들에게 반추를 통해 죄를 회개하는 법을 가르치고 있다고 말한다. 그녀는 아이들에게 매일 자신과 다른 사람과 하나님이 어떤 때 가깝게 느껴지는지, 그리고 어떤 때 멀게 느껴지는지 생각해보라고 가르친다. 그러고 나서 멀게 느껴지는 이유가 바로 '죄' 때문이라고 아이들을 이해시킨 다음, 그들과 함께 하나님께 예배를 드린다고 한다.

반추는 우리가 문제를 만났을 때 도움이 된다

어린이들이 반추하는 과정을 통해 생활 속에서 느끼는 소외감을 되짚어보고 죄가 뭔지 배우는 것처럼, 당신은 반추를 통해 문제 해결의 실마리를 잡을 수 있다. 예를 들어, 당신이 우울증으로 시달리고 있다면, 매일 하루를 마감하면서 자신에게 "우울증으로 힘들어하는 나에게 오늘 가장 도움이 되었던 것이 무엇이지? 무엇이 나를 가장 우울하게 만들었지?"라고 자문할 수 있다. 당신의 사명이 무엇인지 확신이 서지 않는다면, 자신에게 "오늘 내가 어떤 일을 했을 때 다른 사람과 사랑을 주고받을 수 있었지? 어떤 일을 했을 때 사랑을 주고받는 일이 힘들었지?"라고 물을 수 있다.

이 책의 결론을 말하자면, 당신이 이 여덟 가지 기도의 방법을 당신 삶에 어떻게 적용시키느냐에 따라서 당신의 삶은 놀랍도록 달라질 수 있다. 스스로에게 물어보라. "이 책 가운데 무슨 내용이 내 삶에 좋은 영향을 주었는가? 별로 도움이 되지 못한 내용은 무엇인가?" 하나님께서는 언제나 우리에게 더 좋은 삶을 주시고자 하시는 분이시기 때문에, 반추를 위한 간단한 질문으로 인해 우리의 삶은 어떤 상황에서도 더 온전한 삶으로 변화될 수 있다.

1. **조용히 기도하기 좋은 장소를 찾아라.** 당신이 매일 경험하는 삶 가운데 하나님의 임재가 빛처럼 임하고 있음을 상징하기 위해 촛불을 켜놓는 것도 도움이 될 수 있다. 눈을 감고 숨을 깊게 들이마시면서, 당신을 감싸 안고 계신 하나님의 사랑을 흡입하라.

2. **당신의 하루를 돌아보면서 가장 감사했던 순간과 가장 감사하지 못했던 순간이 언제였는지 생각해보라.** 하루 동안 있었던 위안과 낙심을 생각해내는 데 도움이 되도록 여러 가지 질문을 할 수 있다. 예를 들면 이렇다.

● 오늘 하루 중 사랑을 가장 많이 주고받았던 순간은 언제인가?
● 오늘 하루 중 사랑을 전혀 주고받지 못했던 순간은 언제인가?

● 오늘 하루 중 가장 좋았던 순간은 언제인가?
● 오늘 하루 중 가장 나빴던 순간은 언제인가?

● 오늘 하루 중 나 자신, 이웃, 하나님, 세상에 대해 소속감을 느꼈던 순간은 언제인가?

● 오늘 하루 중 소외감을 강하게 느꼈던 순간은 언제인가?

3. 위로를 받았던 순간을 속으로 거듭해서 들이킨 다음, 낙심했던 순간을 하나님의 사랑으로 가득 채워라.

4. 이 두 가지 순간으로 인하여 당신이 가져야 할 것이 무엇이며 버려야 될 것이 무엇인지 알게 하시는 하나님께 감사하라.

5. 원한다면 다른 사람과 함께 그 두 가지 순간들에 대하여 나누어라.

아이오와의 청십자 운동 협회가 연구한 바에 의하면, 기도와 묵상은 사람을 젊게 만든다고 한다. 사실 묵상과 기도를 꾸준히 하는 사람은 시작하는 순간부터 생리학적으로 나이를 일 년씩 거꾸로 먹게 된다. 예를 들어, 당신이 45세에 기도와 묵상을 시작하여 55세까지 계속했다면 당신 몸의 생리학적인 나이는 35세가 되는 것이다. 결국 기도와 묵상을 하는 사람은 장수할 수 있다고 결론지을 수 있다. 그런 결과가 나오는 가장 중요한 이유는 기도와 묵상을 통해 매사에 긍정적으로 살 수 있기 때문이다. 우리는 매일 묵상하고 기도하는 사람이 얼마나 장수하는지 연구할 계획이다. 만일 당신이 묵상과 기도를 통해 장수하게 된다면 우리에게 연락해주기 바란다.

이 책을 읽으면서 우리가 제시한 방법을 실천했다면, 거울에 당신의 모습을 한번 비춰보라. 당신의 모습이 얼마나 달라졌는지 자세히 살펴보라. 이마에 주름살이 없어진다고 하는데 묵상과 기도를 마다할 이유가 없지 않은가?

소그룹 모임을 위한 지침

여기에 나오는 내용은 치유를 위한 기도 모임에서 이용할 수 있다. 우리는 세계 여러 곳에서 영성 수련회를 가질 때 다양한 그룹을 대상으로 사역을 한다. 회복을 위한 12단계 훈련 그룹, 재소자 그룹, 소규모 성경연구 그룹, 청소년 그룹 등 아주 다양하다. 우리가 인도하는 과정은 여덟 시간이 기본이지만 사정에 따라 짧게 할 수도 있다. 이 책은 우리가 제작 보급하고 있는 테이프와 함께 사용할 수도 있지만, 책만 있어도 상관없다. 그렇지만 참석자 모두가 이 책을 반드시 가지고 있어야만 한다.

매번 모임을 가질 때마다 1시간 30분내지 2시간 정도가 적당하다.

순서는 편의에 따라 다양하게 변경할 수도 있다. 한 주에 한 번씩 모이는 것을 원칙으로 하되, 모이는 횟수를 형편에 따라 조정해도 된다. 예를 들어, 2주에 한 번씩 모일 수도 있고, 아니면 한 주에 여러 번 모일 수도 있다.

I. 그룹 모임

A. 여는 기도(5분)

B. 비디오테이프나 카세트테이프(30분)

테이프가 없다면, 책에서 그 주에 해당되는 장의 내용을 간단히 정리해주고, 그 장 끝에 있는 기도를 드리라.

C. 묵상(3분)

오늘 제시된 내용 가운데 당신에게 깊이 와 닿은 내용을 되새기며 조용히 묵상한다.

1. 당신 마음에 있는 것을 글로 적으라. 친한 친구에게 편지를 쓰듯이 예수님께 당신이 깊이 느끼고 있는 바를 적어보라. 시험을 보는 시간이 아니니 문장에 신경 쓰지 말고 속마음을 솔직하게 표현한다. 원한다면 글을 쓰는 대신 그림을 그리는 것도 좋다.

2. 이제 하나님께서 당신에게 어떻게 응답하시는지, 마음속에 들려오는 그분의 말씀을 들어보라. 이를 위해서 당신이 하나님께 드린 고백에 대해 주님이 어떤 식으로 사랑의 반응을 나타내실 것 같은지 스스로에게 물어보라.

3. 하나님의 응답을 적으라. 한 단어일 수도 있고 한 문장일 수도 있다. 혹은 그림으로 그릴 수도 있다. 당신이 기록한 글이나 그린 그림은 당신 생각이나 상상 속에서 인위적으로 만들어낸 것이 아니라고 믿기 바란다. 그것은 하나님께서 당신에게 말씀하시고자 하는 내용 가운데 아주 작은 것에 불과하다.

E. 함께 나누기(오늘의 주제에 대한 생각과 지난 주간에 있었던 일을 서로 나누라. 각자 5분씩)

함께 나누기와 함께 기도하기 단계에서는 두세 사람씩 짝을 지어라. 가능하다면 짝을 지은 사람과 모임 끝까지 함께하라.

1. 이번 주 내용 가운데 당신이 마음에 깨달은 것들을 동료와 함께 나누라. 당신이 쓴 글이나 그린 그림을 함께 나누라.

2. 지난 주 모임 이후에 당신이 집에서 기도하면서 겪은 일을 함께 나누라.

3. 지금 당신이 가장 감사한 일과 하나님께 바라고 있는 바를 함께 나누라.

F. 함께 기도하기(각 사람을 위한 기도 시간은 5~10분)

예수님이 기도해주시는 것처럼 당신의 동료를 위하여 기도하라. 이 책 7장 뒷부분에 있는 기도의 방법을 따라 기도할 수 있다. 아니면 당신이 원하는 다른 방법으로 기도해도 된다. 당신의 동료로 인해 감사의 기도를 드리고, 필요하다면 동료의 병이 낫게 해달라고 기도하라.

G. 전체 나누기(선택사항 - 15분)

이번 주의 주제를 통해 당신이 느낀 점과, 지난 모임 이후 가정에서 겪었던 일을 전체가 모인 자리에서 나누라. 자신의 글이나 그림을 나누어도 좋다.

H. 다과회와 폐회

즐겁게 마무리한 후, 계속 교제를 나누라.

II. 개인 실천 사항

A. 치유를 위해 매일 기도 드리기(10분, 또는 당신이 원하는 만큼)

이 책의 각 장 마지막 부분에 있는 방법에 따라 매일 기도를 드리라. 예를 들어, 첫 번째 주간에는 1장에 있는 방법으로, 두 번째 주간에는 2장에 있는 방법으로 매일 기도하는 것이다.

B. 기록하기(10분)

1. 기도를 드리는 동안, 혹은 생활 속에서 당신의 마음에 감동이 될 때, 글을 쓰거나 그림을 그리면서 예수님과 함께 그 내용을 나누라.

2. 당신이 주님과 함께 나눈 내용에 대해 예수님이 어떻게 응답하실지 묵상하는 가운데 글로 적거나 그림을 그려보라. 하나님의 반응을 느낄 수 있는 한 가지 방법은 당신의 가슴에 밀려오는 사랑의 느낌을 글로 적거나 그림으로 그려보는 것이다.

추천의 글들

"고루한 신앙 이야기로 채워져 있을 것 같아서 아직 이 책을 펼쳐보지 않았는가? 이 책에는 사회학과 심리학적으로 톡톡 튀는 통찰력이 가득하다. 저자들의 천재적인 기량과 은사가 돋보인다. 여태껏 이 분야에서 이처럼 완전하고 경건한 책을 본 적이 없다." -리차드 로어

"이 책은 실용서이다. 치유 사역 분야에서 널리 알려진 세 명의 뛰어난 사역자들이 자신들의 경험에서 터득한 내용을 전해주고 있다. 치유 사역에 관심을 가진 교회에서 사용할 수 있는 탁월한 안내서이다. 아주 쉽고 건전하며, 내용이 명확하다." -모튼 켈시 박사

"이 얼마나 경이로운 책인가! 그 사상, 스토리, 훈련 과정은 마음의 양식이자 영혼의 활력소가 되기에 충분하다. 잠깐만이라도 시간을 내어서 이 책을 본다면 치유를 경험할 것이다." -렌 스페리 박사(위스콘신 의과 대학 정신의학과 교수)

"보석과 같은 저술이다. 이 책은 제목 그대로이다. 일상생활에서 쉽게 치유가 나타나는 비법을 공개하고 있다. 특히 기도하기 힘들어하는 사람에게도 용기를 준다." -바바라 쉴레몬 라이언(간호사)

"기도를 배우고 싶다면 바로 이 책이 적당하다. 어떤 사람이라도 적용할 수 있는 방법이 제시되어 있다." - 레오 토마스(기독교 사역 연구소)

"카알 라아너는 한때 모든 사람이 이해할 수 있는 책을 쓰고 싶다고 하였다. 이 책의 저자들이 바로 그런 은사를 가진 사람들이다...심지어 어린 꼬마들, 또는 병 낫기를 위해 기도하기를 주저하던 사람들도 쉽게 이 책을 접할 수 있을 것이다." - 로버트 시어스(목회신학 교수)

"실제적이고 강력한 방법들이 제시되어 있는 이 책을 들고, 환희와 스릴이 넘치는 치유의 세계로 모험을 떠나보자." - 플로라 웰너(목사)

책번호 /가 6019

단순한 치유기도

발행소 ● 종합선교 – 나침반社
NACHIMVAN PUBLISHING Co.
(등록 1980년 3월 18일 / 제 2-32호)

편집 겸 발행인 ● 김 용 호

초판발행시 선교사역의 동참자들
김은희 • 김은옥 • 김종민 • 박동환 • 양진선
오찬규 • 이계복 • 이부국 • 이수정 • 이은실
임지희 • 최은희 • 최현규　　(가,나,다…순)

연락처

• 우편/ 110-616 서울 광화문 사서함 1641호
　K.P.O. BOX 1641, SEOUL, 110-616, KOREA
• 인터넷　www.nabook.net
• 이메일　navan@chollian.net
• 우체국대체구좌 / 010041-31-1201888
• 은행지로번호 / 각은행 99번 창구 3000366번
• 전화 / 본사사무용 (02)2279-6321~3
　　　　서점주문용 (02)2606-6012~4
• 팩스 / 본사사무용 (02)2275-6003
　　　　서점주문용 (02)2606-6016

지은이 / 매튜 린, 쉐일러 패브리칸트 린, 데니스 린

옮긴이 / 오 찬 규

제 1 판 발행 / 2003년 5월

나침반 신간안내 / 전화사서함 (02)152 - 응답후 6322

나침반종합정보 / www.nabook.net

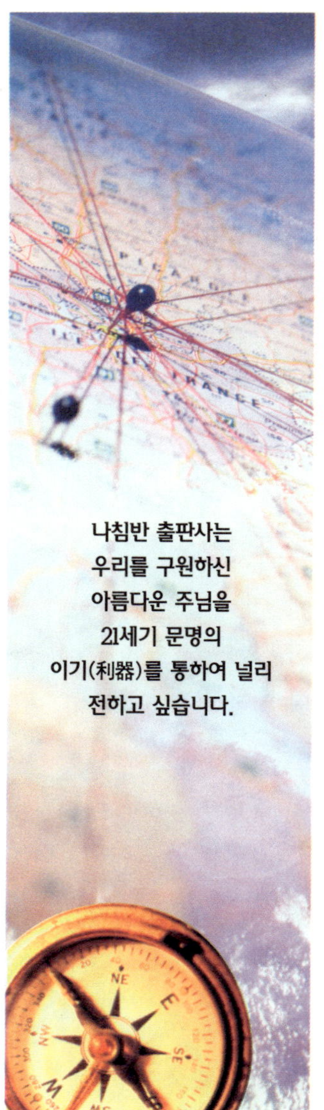

ISBN 89-318-1299-X

값은 뒷표지에 있습니다. • PRINTED IN KOREA